Michael Schmidt · Formel 1 – Jahrbuch 2009

DER KOMPLETTE SAISON-RÜCKBLICK

ALLE RENNEN ALLE HIGHLIGHTS ALLE DUELLE

FORMEL 1
JAHRBUCH 2009

IMPRESSUM

Chefredaktion: Bernd Ostmann
Stellvertretende Chefredaktion: Ralph Alex, Birgit Priemer
Verantwortlicher Redakteur: Michael Schmidt
Fotos: Daniel Reinhard, Wolfgang Wilhelm
Grafische Gestaltung: Frank Zähringer
Layout: Elke Hermann
Produktion: Hans-Jürgen Kuntze

ISBN 978-3-613-03116-6

Copyright © Motorbuch Verlag, Postfach 10 37 43, 70032 Stuttgart.
Ein Unternehmen der Paul Pietsch Verlage GmbH + Co.

Sie finden uns im Internet unter
www.motorbuch-verlag.de

1. Auflage 2009

Das Urheberrecht und alle weiteren Rechte sind dem Verlag
vorbehalten. Nachdruck, auch einzelner Teile, ist verboten.
Übersetzung, Speicherung, Vervielfältigung und Verbreitung
einschließlich Übernahme auf elektronische Datenträger wie
CD-ROM, Bildplatte usw. sowie Einspeicherung in elektronische
Medien wie Bildschirmtext, Internet usw. sind ohne vorherige
schriftliche Genehmigung des Verlages unzulässig und strafbar.

Herstellung: Medienfabrik GmbH, 70174 Stuttgart
Druck und Bindung: Graspo CZ, 76302 Zlín
Printed in Czech Republic

INHALT

Vorwort 7

Brawn & Button
Modernes PS-Wunder:
Ein neues Team
wird Meister 8

BMW-Ausstieg
Statt zum Titel
zu fahren, steuert
BMW ins Aus 14

GP Australien
Doppelsieg von
BrawnGP schockt
die Konkurrenz 20

GP Malaysia
Tropenregen verkürzt das
Rennen. Halbe
Punkte für alle 28

GP China
Warnschuss an Button:
Vettel siegt im
Regen 36

GP Bahrain
Trotz Problemen mit der
Kühlung ge-
winnt Button 42

Red Bull
Vettels Team: Das
Geheimnis des
Herausforderers 50

GP Spanien
Stunk bei BrawnGP:
Barrichello wittert
Stallregie 56

GP Monaco
Button-Festival in den
Straßen von
Monte Carlo 64

GP Türkei
Red Bull verzockt, Button
siegt zum
sechsten Mal 72

GP England
Red Bull macht mobil: Die
Wunderwaffe
gegen BrawnGP 78

Streit FIA & FOTA
Krieg in der Formel 1:
Der Sport vor
dem Abgrund 84

GP Deutschland
Das lange Warten hat ein
Ende: Webbers
Erlösung 88

GP Ungarn
Schock am Samstag:
Massas Crash mit
einer Stahlfeder 96

Beste Fotos
Die schönsten Fotos des
Formel 1-Jahr-
gangs 2009 104

GP Europa
Nach fünf Jahren Pause: Barrichellos größter Sieg **116**

Favoritentod
Warum versagten Ferrari, McLaren und Renault? **176**

GP Belgien
Das Rätsel von Spa: Fisichella fährt um den Sieg **124**

GP2-Serie
Hülkenberg gewinnt die wichtigste Talentshow **182**

GP Italien
BrawnGP schlägt KERS-Armada mit besserer Taktik **132**

Statistik

Die Deutschen
Fünf Aktive und ein gescheiterter Heimkehrer **138**

Australien	188
Malaysia	189
China	190
Bahrain	191
Spanien	192
Monaco	193
Türkei	194
England	195
Deutschland	196
Ungarn	197
Europa	198
Belgien	199
Italien	200
Singapur	201
Japan	202
Brasilien	203
Abu Dhabi	204
Die Saison im Überblick	205

GP Singapur
Ganz ohne Manipulation: Hamilton siegt in der Nacht **144**

GP Japan
Vettel zum Dritten: Ein kleiner Funken Hoffnung **152**

GP-Technik
Alle reden über KERS, die Reifen und den Diffusor **158**

GP Brasilien
Button krönt sich zum Weltmeister, Webber siegt **164**

GP Abu Dhabi
Der teuerste Grand Prix aller Zeiten: Bei Tag und Nacht **170**

Teams und Fahrer **206**

Formel 1-Rekorde **210**

VORWORT

Die Spannung war vorprogrammiert. Neue Regeln sollten das Kräfteverhältnis in der Formel 1 verschieben. Und die geänderte Aerodynamik, Slicks statt Rillen-Reifen und das Hybrid-System KERS stellten die Formel 1 auf den Kopf.

Während sich die Top-Teams McLaren und Ferrari voll auf das WM-Finale 2008 konzentrierten, entwickelte Ross Brawn konsequent für 2009. Lange war BrawnGP nach dem Honda-Ausstieg ohne Zukunftsperspektive, dann wurden die weißen Renner mit Mercedes-Power zur Überraschung der neuen Saison. Brawn interpretierte das Reglement mit seinem doppelten Unterboden am perfektesten. Auch ohne KERS dominierte Jenson Button – in der Formel 1 eigentlich schon abgeschrieben – die ersten Rennen nach Belieben. Er gewann sechs Grand Prix. Danach beschränkte sich der Brite auf die Verwaltung seines Punkte-Kontos. Teamkollege Rubens Barrichello und Sebastian Vettel konnten sich in der Verfolgerrolle immer stärker positionieren.

Bernd Ostmann, Chefredakteur auto motor und sport

Erst im vorletzten Rennen, in Brasilien, zeigte Button wieder Kampfgeist und Biss. Ein würdiger Champion. Sebastian Vettel und Red Bull hatten schon zuvor in einigen Rennen riskante Strategie-Spielchen gezeigt. In Brasilien schwammen dem 22-jährigen Youngster die Chancen im Regen-Qualifying davon. Mit viel zu geringer Bodenfreiheit reichte es für Vettel im Training nur für Rang 15. Im Rennen war dann nicht mehr als Rang vier drin. So half es ihm nichts, dass er das Abschlussrennen in Abu Dhabi überlegen für sich entscheiden konnte. Button war seit Brasilien der sichere Weltmeister.

Und wie schlugen sich Vorjahres-Weltmeister Lewis Hamilton und der McLaren-Mercedes mit KERS? Der Beginn der Saison war ein Desaster. Dafür sicherte sich Hamilton den ersten KERS-Sieg – Ende Juli in Ungarn. Das Erfolgsteam McLaren am Ende nur auf Rang drei in der Konstrukteurs-WM – und Ferrari sogar noch dahinter. Die Roten wurden nicht nur vom neuen Reglement, sondern auch durch den schweren Unfall von Felipe Massa eingebremst. Von einer Stahlfeder am Kopf schwer verletzt, musste Massa ab Ungarn pausieren. Seine Ersatzleute kamen über das Statistendasein nicht hinaus.

BMW, der heftigste KERS-Fürsprecher, kam mit der Hybrid-Technik im Rennauto nicht zurecht. Erst setzte man auf E-Power, dann fuhr man ohne – und schließlich verkündete man in München den Ausstieg aus der Formel 1. Den haben jetzt auch Toyota ab 2010 und der Reifenlieferant Bridgestone für 2011 annonciert. Japan verlässt die Top-Rennserie.

Und wie geht es 2010 weiter? Das Fahrer-Karussell war beim Final-Rennen immer noch voll in Bewegung. Fest steht: Ferrari setzt auf einen Neubeginn mit Fernando Alonso. Mercedes tendiert zu Brawn – weg vom Traditionspartner McLaren. Nico Rosberg wird Rubens Barrichello ersetzen. Und alle warten, wohin es Kimi Räikkönen verschlägt.

Michael Schmidt, der Formel 1-Experte von auto motor und sport, und unsere beiden Fotografen Daniel Reinhard und Wolfgang Wilhelm haben die Highlights dieses Jahres für Sie zusammengestellt. Haben Sie viel Spaß bei der Lektüre.

Unser Formel 1-Team: die Fotografen Daniel Reinhard (links) und Wolfgang Wilhelm (rechts) sowie Redakteur Michael Schmidt

DAS BRAWNGP-WUNDER

ROSS-KUR

Eine Feier, zwei Titel: BrawnGP gewinnt im Debütjahr den Konstrukteurspokal. Jenson Button sichert sich die WM-Krone

Das Wunder nahm 316 Tage Anlauf. Am 5. Dezember 2008 erklärte Honda offiziell seinen Rückzug aus der Formel 1. In Brackley wurden 700 Mitarbeiter mit der Arbeitslosigkeit konfrontiert. Am 3. März war das Team gerettet. Mit einer Finanzspritze von 130 Millionen Euro

DAS BRAWNGP-WUNDER

Paarlauf in Suzuka: Barrichello kommt als Siebter ins Ziel, Button als Achter

von Honda, mit Ross Brawn als Teamchef, mit den alten Schlachtrössern Jenson Button und Rubens Barrichello im Cockpit, mit einer auf 450 Angestellte abgespeckten Mannschaft, mit Mercedes als neuem Motorlieferanten und dem Segen von McLaren-Direktor Ron Dennis, der als Exklusivpartner von Mercedes seine Zustimmung geben musste. „Dieses Team wird mir keine schlaflosen Nächte bereiten", richtete McLarens General Nick Fry dem Geschäftspartner von Ross Brawn aus. Am 17. Oktober, 316 Tage, nachdem alles in Scherben zu liegen schien, wird sich Ron Dennis schmerzlich an dieses Zitat erinnert haben. Beim GP Brasilien feierte BrawnGP zwei WM-Titel. Den für das Team, der 60 Millionen Dollar in die Kriegskasse spült. Und den für Hamilton-Nachfolger Jenson Button.

Eine solche Geschichte hat die Formel 1 noch nie erlebt. Dass ein neues Team auf Anhieb gewinnt, das gab es 1977 mit Wolf. Aber beide Titel im ersten Aufwasch, das gab es noch nie. Der Chef selbst redet das statistische Kuriosum klein: „Wir sind kein echtes neues Team. Die Mannschaft und die Infrastruktur waren schon da." Auch das Design des Autos, das in vier Windkanälen mit drei Aerodynamikteams und einer Manpower von über 1000 Mitarbeitern entstand. Keiner nahm sich so viel Zeit wie Honda.

Seit April 2008 liefen alle Uhren für 2009. Ein japanischer Ingenieur hatte den Trick des Doppeldiffusors entdeckt. Trotzdem verlor Honda die Nerven. Jenson Button kann die Torschlusspanik der Japaner noch immer nicht verstehen: „Die Daten haben uns früh gezeigt, dass wir einen Volltreffer gelandet haben. Schon als wir noch um die Rettung des Teams kämpften, wussten wir, dass wir ein Siegerauto hatten. Wir sahen die Testzeiten der anderen Teams, verglichen sie mit unseren Simulationen und fragten uns: Sind die so langsam oder wir so gut?"

Der Doppelsieg in Melbourne gab die Antwort: Eine Mischung aus beidem. Für die Geschlagenen war sofort klar: Der Doppeldiffusor ist schuld. Ein Protest bei der FIA wurde abgewiesen. Rückblickend betrachtet war der Aufwand, mit dem sich die Gegner in die juristische Auseinandersetzung stürzten, gut für die Auftaktsieger. Er stahl der Konkurrenz Zeit. So dauerte es bis zum GP England, bis der Vorsprung von BrawnGP aufgebraucht war. Bis dahin hatte Button bereits sechs Grand Prix gewonnen.

Der Engländer ging mit einem Vorsprung von 26 Punkten in das achte Rennen. Und er rettete 15 Zähler bis zum Saisonfinale. Dabei stand Button nach dem Sieg in Istanbul nur noch ein einziges Mal auf dem Podest. Sein Glück: Rubens Barrichello, Seba-

Ein Logo, das man sich merken muss: Im ersten Jahr ist BrawnGP bei Mercedes Kunde. 2010 wird eine echte Partnerschaft angestrebt

Ross Brawn formt den Rennstall aus den Trümmern von Honda: „Wir sind kein komplett neues Team. Die Infrastruktur war schon da."

Der Lebemann Button folgt dem Streber Hamilton als Weltmeister. Freundin Jessica gibt dem neuen Champion Rückhalt

Barrichello fährt dank des Wohlfühlfaktors so stark wie nie. Renningenieur Jock Clear nimmt seinen Fahrer ins Gebet

Button wird in die Startaufstellung zum GP Spanien geschoben. Es ist der Auftakt zum vierten Saisonsieg

Drei Rennen lang lahmen die weißen Autos. Die Reifen kommen zu langsam auf Temperatur

stian Vettel und Mark Webber gewannen zwar je zwei Mal in der zweiten Saisonhälfte, aber sie punkteten nicht konstant. Die wiedererstarkten McLaren-Mercedes und Ferrari nahmen ihnen Siege und Punkte weg. Button fuhr auf Ankommen. Die Angst, Fehler zu machen, lähmte ihn in der Qualifikation. Schlechte Startplätze bedeuten heute schlechte Rennergebnisse. Erst beim Entscheidungsrennen in Brasilien wachte er auf. Button fuhr, als hätte er Dopingmittel genommen. „Das beste Rennen meiner Karriere."

Als der technische Vorteil der BrawnGP aufgezehrt war, als Red Bull mit einer B-Version davonzog, traten die Schwächen des BGP001 zutage. Sein hohes Gewicht, das wenig Ballast zuließ. „Der Umbau auf den Mercedes-Motor", so Ross Brawn, „hat uns acht Kilogramm draufgepackt." Weil das Getriebe um sechs Millimeter höhergesetzt wurde, gerieten hinten die Federwege zu kurz. Und weil ein zusätzlicher Ölkühler installiert werden musste, wanderte der Schwerpunkt nach oben. Bei den heißen Rennen zu Saisonbeginn war das reifenschonende Fahrzeugkonzept eine Trumpfkarte. „Ab dem GP Monaco haben wir das Fahrwerk immer mehr darauf ausgelegt, die Reifen zu schonen", verrät Brawn. „Unser Auto hat in Monte Carlo und Istanbul weniger Reifen gefressen als die Konkurrenz." Als es in Silverstone und am Nürburgring kühler wurde, ging der Schuss nach hinten los. Brawn reagierte, kehrte in der Fahrwerksabstimmung auf eine Einstellung vom Saisonbeginn zurück. Trotzdem blieb die Problematik, wenn auch weniger stark ausgeprägt. Barrichello kam damit besser zurecht als Button. „Jenson hat mit seinem runden Fahrstil weniger Reserven, auf das Problem zu antworten, als Rubens. Der passt seinen Fahrstil besser an", erklärt Brawn.

Barrichello zog sich nach einer durchwachsenen ersten Saisonhälfte selbst aus dem Sumpf. Er wechselte in Silverstone von Hitco- auf Brembo-Bremsscheiben um. Die sind hitzeverträglicher. „Mein Problem war, dass mit den Hitco-Scheiben die hinteren Bremsen zu heiß wurden und ich deshalb ohne Felgenabdeckungen fahren musste, was der Aerodynamik nicht gut bekam. Außerdem heizten sich die Hinterreifen zu stark auf, was zu blockierenden Rädern beim Bremsen führte. Das war Gift für meinen Fahrstil." Button und Barrichello sind seit vier Jahren ein Team. Sie vertrugen sich, ohne dass Brawn eingreifen musste. Button wurde für eine weitgehend fehlerfreie Saison belohnt. „Das war schon immer Jensons Stärke", erklärt sein Renningenieur Andrew Shovlin. „Er macht kleine Schnitzer, aber keine rennentscheidenden Fehler."

Für BrawnGP variiert Button die Helmfarbe. Der angedeutete Union Jack ist jetzt gelb-schwarz-weiß statt blau-rot-weiß

Die BrawnGP sind ein Muster an Zuverlässigkeit. Das Team kommt mit nur drei Chassis und acht Getrieben durch die 17 Rennen

Das BrawnGP-Duo und ihr größter Gegner: Vettel ist oft schnell, aber nicht konstant genug. Button rettet seinen Vorsprung bis ins Ziel

Barrichello feiert im 17. Jahr seiner Formel 1-Karriere Auferstehung. Der Sieg in Monza ist eines der Glanzlichter des Brasilianers

Ästhet am Lenkrad: Button hat den saubersten Fahrstil. Das schont die Reifen

FORMEL 1-AUSSTIEG VON BMW

Aussteiger: Zuerst erklärt BMW seinen Rücktritt, dann verlässt Robert Kubica das Team. Der WM-Vierte des Vorjahres wechselt nach einer Saison voller Enttäuschungen 2010 zu Renault

Abschiedserklärung: Der BMW-Vorstand und Teamchef Theissen geben den Rückzug bekannt

BMW SAGT SERVUS

Es sollte ein Jahr des Erfolges werden, doch es wurde eine Fahrt in den Abgrund. Nicht der WM-Titel steht am Ende der zweiten Formel 1-Episode von BMW, sondern erneut die Angst vor der Blamage. Die Formel 1-Söldner verfehlten ihr Ziel. Deshalb drehte ihnen der Vorstand in München das Licht ab. Er verkleidete es mit Vokabeln wie Nachhaltigkeit und Neuausrichtung. Weg von der verschwenderischen Formel 1, hin zu mehr Umweltbewusstsein. Die angespannte finanzielle Lage des Konzern mag ein Grund mehr gewesen sein, warum BMW-Chef Norbert Reithofer am 29. Juli den Stecker zog. Man spart im Handumdrehen 200 Millionen Euro pro Jahr.

Zwölf Monate zuvor hatte BMW noch hochfliegende Pläne. Nach den ersten Podestplätzen 2007, dem ersten Sieg 2008 sollte in diesem Jahr der WM-Titel in Angriff genommen werden. Am besten mit dem Hybridantrieb an Bord. KERS wurde in München zum Glaubensbekenntnis. Teamchef Mario Theissen kämpfte um den Verbleib der umstrittenen Technologie im Reglement, als ginge es um Sein oder Nichtsein. Die anderen Teams willigten schließlich widerwillig ein. KERS sollte die Kritiker im Vorstand besänftigen, und derer gab es immer mehr. Zu oft stand der Sport im Zwielicht. In der Wirtschaftskrise war es fast obszön geworden, mit dreistelligen Millionensummen um sich zu werfen. Theissens interne Verkaufsstrategie sah so aus: BMW ging als erster Turbo-Weltmeister in die Formel 1-Geschichte ein, nun wollte man Hybridpionier werden.

Dass es nicht so kam, ist bekannt. Die Fehler wurden im Winter gemacht. Der erste war, beim Hybridantrieb zu viel auf eigene Faust entwickeln zu wollen. Bei Batterien und Generator gab es zwar Partner, doch die lieferten hauptsächlich Knowhow. Mercedes und Ferrari stellten es geschickter an. Sie verbündeten sich mit den Marktführern. Mercedes arbeitete beim Elektromotor mit Zytek zusammen, die man bereits aus einer Smart-Kooperation kannte. Batteriepartner war A1-2-3. Ferrari bezog die Generatoren und die Leistungselektronik bei dem US-Konzern MTS. Die Batterien kamen von Saft. Am Ende hatten Mercedes und Ferrari ein besseres System als BMW. Auf bestimmten Strecken gab es Probleme, innerhalb einer Runde die volle Energiemenge von 400 Kilojoule zu laden.

Die Ingenieure in München und Hinwil unterschätzten die Kompromisse, die ihnen das KERS aufzwang. Gewichtsverteilung, Schwerpunkt und

FORMEL 1-AUSSTIEG VON BMW

1983 Nelson Piquet gewinnt in Kyalami auf Brabham-BMW den WM-Titel und macht BMW zum ersten Turbo-Weltmeister

1986 Gerhard Berger ist im Benetton-BMW der Hoffnungsträger der Bayern. In Mexiko holt er den letzten Sieg der ersten BMW-Ära

BMW: ZWEI KARRIEREN IN DER FORMEL 1

Jahr	Auto	WM-Stand	Punkte	Pole-position	Siege	WM-Titel
1982:	Brabham	P 5	20	1	1	-
1983:	Brabham	P 3	72	2	4	Nelson Piquet
	ATS	P 12	0	-	-	
1984:	Brabham	P 4	38	9	2	-
	ATS	P 12	1	-	-	
	Arrows	P 9	6	-	-	
1985:	Brabham	P 5	26	1	1	-
	Arrows	P 8	14	-	-	
1986:	Brabham	P 9	2	-	-	-
	Benetton	P 6	19	2	1	
	Arrows	P 10	1	-	-	
1987:	Brabham	P 8	10	-	-	-
Bilanz:						
1982-1987	91 Starts		209	15	9	1

1987 BMW muss den verkündeten Ausstieg verschieben, weil Brabham auf seinen Vertrag pocht. De Cesaris holt vier Punkte

Jahr	Auto	WM-Stand	Punkte	Pole-position	Siege	WM-Titel
2000:	Williams	P 3	36	-	-	-
2001:	Williams	P 3	80	4	4	-
2002	Williams	P 2	92	7	1	-
2003:	Williams	P 2	144	4	4	-
2004	Williams	P 4	88	1	1	-
2005	Williams	P 5	66	1	-	-
2006:	Sauber	P 5	36	-	-	-
2007	Sauber	P 2	101	-	-	-
2008:	Sauber	P 3	135	1	1	-
2009	Sauber	P 6	36	-	-	-
Bilanz:						
2000-2009	174 Starts		814	18	11	-

2000 Das Comeback-Jahr beendet Williams-BMW auf Platz drei im Konstrukteurspokal. Jenson Button sammelt zwölf Punkte

2003 Juan Pablo Montoya steigt erst beim vorletzten Grand Prix aus dem Titelrennen aus. Williams-BMW gewinnt vier Rennen

2008 Als BMW-Sauber gewinnt das Team einen Grand Prix. In Montreal siegen Robert Kubica und Nick Heidfeld im Doppelpack

Der BMW F1.09 erfüllt die Erwartungen nicht. Er wird vier Mal nachgebessert

Aerodynamik mussten der Unterbringung der Energiespeicher, der Leistungselektronik und des Generators Tribut zollen. Man muss sich nur die wuchtigen Seitenkästen der Urversion anschauen und sie mit der stark taillierten Endlösung vergleichen. Da wurden Abtriebspunkte im zweistelligen Bereich verschenkt. Auch beim Ablauf an der Rennstrecke ergaben sich Probleme, an die man zunächst nicht dachte. Die Abstimmung der Bremsbalance kostete am Freitag so viel Zeit, dass sich die Fahrer kaum um das Fahrzeug-Setup kümmern konnten.

Das Design des F1.09 geriet zu brav. Da war es bestimmt nicht förderlich, dass sich Technikchef Willy Rampf im Winter in einen dreimonatigen Urlaub verabschiedete. Der Formel 1-Stress hatte an dem Bayern genagt. Der Perfektionist brauchte eine Auszeit. Sein Ersatz Walter Riedl ist ein Konzernmensch. Der dachte nicht wie ein Racer, sondern wie ein Bürokrat. Überhaupt hatten in Hinwil Strukturen wie in einer großen Firma Einzug gehalten. „Wir sind ein bisschen fett geworden", urteilte Peter Sauber aus seiner Sicht von außen. Auch das Auto wirkte, als habe es eine Behörde konstruiert. Der Frontflügel sah aus wie ein Schuhkarton. Weit entfernt von der Eleganz eines Red Bull. Den Doppeldiffusor hat BMW wie alle anderen Topteams verschlafen. Weil das Getriebe nicht für einen mehrstöckigen Unterboden konzipiert worden war, ergaben sich beim Nachrüsten Probleme. Die erste Version des Doppeldiffusors hatte einen oberen Expansionskanal, der nur halb so groß war wie die Exemplare der Konkurrenz.

Schon nach dem zweiten Rennen war Nick Heidfeld klar, dass die Saison ein Reinfall werden würde. „Wir hatten uns bei den Testfahrten täuschen lassen, weil wir immer gleich schnell wie die Ferrari waren. Da wir davon ausgehen mussten, dass Ferrari ein Topteam sein würde, fiel uns erst in Melbourne auf, dass uns der Speed fehlt." Für Robert Kubica war die Erkenntnis, ins Mittelfeld abzurutschen, ein harter Schlag. Das Team hatte ihn 2008 damit vertröstet, dass man 2009 den WM-Titel ins Visier nehmen würde. Deshalb sei es nötig, früh mit der Entwicklung des 2009er Autos zu beginnen. Selbst auf die Gefahr hin, die kleine Chance, schon 2008 Weltmeister zu werden, zu verspielen. „Jetzt bin ich in doppelter Hinsicht der Dumme", klagte Kubica. „Ich wurde im letzten Jahr nicht Weltmeister, und in diesem Jahr fahre ich hinterher." Als Red Bull mitten im Jahr sein Auto total umkrempelte, weil man noch eine kleine Chance auf den Titel sah, da fühlte sich Kubica an seine eigene Situation im Jahr zuvor erinnert. „Red Bull führt uns vor, was wir 2008 hätten tun müssen."

Mit den Plätzen 18 und 19 in Bahrain war der Tiefpunkt erreicht. Danach begann die mühsame Aufholjagd. Kein anderes Team legte so viele Ausbaustufen

FORMEL 1-AUSSTIEG VON BMW

Letztes Aufgebot: Am Kommandostand von BMW-Sauber gehen nach dem GP Abu Dhabi nach vier Jahren Formel 1 die Lichter aus

Heidfeld rechnete sich nach den Testfahrten viel aus. Schon in Melbourne kam die Ernüchterung. Der BMW F1.09 war nur Mittelmaß

Das Konzept des BMW F1.09 war zu brav. Der Frontflügel erinnerte an einen Legobaukasten. Die Seitenkästen gerieten wegen des Einbaus von KERS zu wuchtig. Das Auto wurde im Saisonverlauf fünf Mal nachgebessert

Die Boxenstopps funktionierten fast immer wie am Schnürchen. Nur am Nürburgring und in Suzuka verlor Heidfeld Zeit beim Tanken

Die BMW-Piloten kämpften mit ihren Autos. Zu Beginn des Jahres fehlte der Abtrieb. Der Quersteher in China spricht dafür

Kubica wartete sieben Rennen auf die ersten Punkte. Dafür hatte der Pole ein starkes Finale

auf Kiel wie BMW. Es begann in Barcelona mit einer höheren Nase und eingezogenen Seitenkästen. In Istanbul feierte der Doppeldiffusor sein Debüt, am Nürburgring folgte der zweite Aufguss. Davor noch verabschiedete sich BMW von KERS. Rampf kam zu der Erkenntnis: „Das ultimative Auto gibt es nur ohne KERS-Elemente." Das gab seiner Truppe bis zum GP Europa die Gelegenheit, die Seitenkästen so stark einzuziehen, wie es die Aerodynamiker von Anfang an gerne gehabt hätten. In Singapur erlaubte ein neues Getriebe einen doppelt so großen Diffusor und eine flachere Motorabdeckung – etwas, das der Anströmung des unteren Heckflügelelementes zugute kam.

Die Anstrengungen wurden nur unzureichend belohnt. BMW erlebte den Jo-Jo-Effekt. Jedes Facelift brachte eine kleine Platzverbesserung, die beim nächsten Mal schon wieder aufgefressen war, weil die Konkurrenz mit einer Ausbaustufe konterte. Kubica begann nach den vielen leeren Versprechungen zu zweifeln: „Auf der Rennstrecke kommt nur halb so viel Fortschritt an, wie der Windkanal prognostiziert. Wenn Force India fünf Zehntel ankündigt, sind es auch fünf Zehntel." Der Pole erkannte als einer der ersten, dass die Racer im Team immer weiter in den Hintergrund gedrängt wurden. „Hier geht es nur noch um die Außendarstellung. Einmal ist KERS das Allergrößte, dann plötzlich heißt es wieder, dass KERS an den schlechten Resultaten schuld sei. Die Leute sollten sich besser darum kümmern, das Auto schneller zu machen, statt nach Ausreden zu suchen, warum es nicht läuft."

Am Nürburgringwochenende braute sich in München Unheil zusammen. Nur noch Technikvorstand Klaus Draeger stützte das Formel 1-Engagement. Mario Theissen ahnte noch drei Tage vor dem Rückzug nicht, was bereits beschlossene Sache war. BMW wollte raus aus der Nummer, so schnell wie möglich, und noch bevor man sich im Concorde Abkommen bis 2012 festlegen musste. Die Unterschrift unter den Formel 1-Vertrag wurde verweigert. Damit grub man denen eine Grube, die sieben Wochen später 80 Millionen Euro für den Rennstall boten und eine Bankgarantie auf den Tisch legten, die dem Team vier Jahre lang das Budget sichern sollte.

Qadbak nennt sich das Konsortium, das reiche Familien aus Dubai, Katar und Abu Dhabi repräsentieren soll. Man kann die Firma nicht einmal googlen. Das schaffte Misstrauen in der Szene. So viel Geld und keine Identität. Frank Williams sperrte sich gegen die Nennung von Sauber, um so an Petronas-Gelder zu kommen. Quadbak ernannte Ex-Chef Peter Sauber zum neuen Verwaltungsratsvorsitzenden. Und der 67-jährige Schweizer fing noch einmal dort an, wo 1993 alles begonnen hatte. „Ich baue eine neue Mannschaft rund um die alte Truppe auf."

GROSSER PREIS VON AUSTRALIEN

Formel 1 im Park: Die Strecke von Melbourne führt durch Grünanlagen, an Palmen und einem künstlichen See vorbei

GROSSER PREIS VON AUSTRALIEN

Viel Verkehr: Im Mittelfeld stauen sich hinter Debütant Buemi die aus der Boxengasse gestarteten Toyota von Trulli und Glock. Dazwischen hängt noch der Renault von Piquet

Ein Märchen wird wahr: Nach dem Ausstieg von Honda ist der Nachfolgerennstall BrawnGP erst Anfang März gerettet. Beim Debüt feiern Ross Brawn, Jenson Button und Nick Fry gleich einen Sieg

Abgang mit Staubfahne: Piquet fliegt beim Re-Start nach der ersten SafetyCar-Phase von der Strecke. Schuld ist ein Bremsversagen. Pech für Piquet: Er lag auf Punktekurs

Sandablagerungen: Nach einem Ausflug ins Kiesbett fliegt bei Kubicas BMW beim Anbremsen der dritten Kurve der Kies aus den Seitenkästen. Der Pole verliert einen Podestplatz durch eine Kollision mit Vettel

GROSSER PREIS VON AUSTRALIEN

Kleinholz: Nach Barrichellos schlechtem Start kommen sich Heidfeld, Webber, Kovalainen und der BrawnGP-Pilot in der ersten Kurve ins Gehege. Webber und Kovalainen müssen aufgeben

Crash ohne Not: Nakajima liegt bereits auf Platz drei, als er eingangs der Waldpassage unbedrängt abfliegt. Der Japaner entsteigt unverletzt seinem Williams-Wrack

Gegenlicht-Impressionen: Bourdais bringt seinen ToroRosso auf Platz acht ins Ziel. Heidfeld in seinem Windschatten geht leer aus. Nach der Startkollision fehlt dem ramponierten BMW Anpressdruck

Starkes Rennen, wenig Lohn: Fehler beim Boxenstopp und zu aggressives Fahren mit den weichen Reifen kosten Rosberg einen Podestplatz. Als Sechster nimmt der Deutsche noch drei Punkte mit

MELBOURNE

Die neue Saison beginnt mit Zwist. Erst kippen die Teams Bernie Ecclestones Schnapsidee, den Weltmeister nach Siegen statt nach Punkten zu küren. Dann entzündet sich ein Streit um ein Detail am Auto, das man kaum sieht und das nur ein paar Experten verstehen. Mit dem Wort Diffusor werden die letzten 350 Millimeter des Unterbodens bezeichnet. Es ist jener Bereich, der ab der Hinterachse bis auf eine Höhe von 175 Millimeter ansteigen darf. Dort wird Anpressdruck erzeugt. Früher steuerte die Beschleunigung der Luft unter dem Auto fast 50 Prozent zum Gesamtabtrieb bei. 2009 sollten es nach den Plänen der Regelhüter höchstens 20 Prozent sein. Doch mit den doppelstöckigen Diffusoren der Autos von BrawnGP, Toyota und Williams ist man fast schon wieder bei den Vorjahreswerten angelangt.

Ferrari, Renault und Red Bull laufen Sturm gegen einen Trick, den sie verschlafen haben. BMW würde gerne, merkt aber gerade noch rechtzeitig, dass sich der Protest, so wie er formuliert ist, gegen das eigene Auto richten würde. Bis man ihn umschreibt, ist die Protestfrist abgelaufen. Am Samstag kommt es zu einer zweiten Protestwelle. Williams nimmt die Leitbleche von Ferrari und Red Bull ins Visier, zieht aber zurück, als aus der FIA-Zentrale in Paris der Anruf kommt: Genug gestritten.

Toyota werden die Qualifikationszeiten gestrichen. Eigentlich hätte man die Kölner Truppe nach Hause schicken müssen. So unklug wie Toyota hat noch nie jemand versucht, die Regeln auszutricksen. Die Steifigkeit des Heckflügels wird routinemäßig an drei Stellen gemessen. Hin und wieder macht die FIA an den Flügelenden Stichproben mit durchsichtigen Folien. Den Flap des TF109-Heckflügels kann man an den Außenseiten mit zwei Fingern eindrücken. Als wäre er aus Papier und nicht aus Kohlefaser.

Das Rennen ist ein Knüller. Nur auf den ersten beiden Plätzen ist alles klar. Jenson Button kontrolliert das Geschehen von der Spitze weg, achtet darauf, dass der Vorsprung auf Sebastian Vettel nie unter drei Sekunden fällt. Doch ab Platz drei ist die Hölle los. Jeder gegen jeden: Autos mit und ohne KERS. Weiche und harte Reifen. Viel und wenig Sprit im Tank. Felipe Massa, Kimi Räikkönen, Robert Kubica, Lewis Hamilton, Jarno Trulli und Sebastien Bourdais pokern beim Start mit der superweichen Mischung, die schon nach wenigen Runden zu körnen beginnt. Einmal muss man sie einsetzen, also warum nicht sofort? „Nach drei Runden fuhr ich wie auf Schotter", stöhnt Kubica. Schnell reißt ein 18-Sekunden-Loch zu Button und Vettel auf. Alle mit den weichen Sohlen ziehen ihre Tankstopps vor. Kubica um zwei Runden.

Dann spielt ihnen das SafetyCar nach Nakajimas Crash einen Joker in die Hand. Die Lücke schließt sich wieder. Der Rest des Feldes aber hat den weichen Reifen im Finale an der Backe. Wird er einmal überfordert, hört das Körnen nicht mehr auf. Vettel staunt: „Ich fuhr in den letzten Runden wirklich langsam. Doch von einer Runde zur nächsten brach der linke Vorderreifen ein." Nico Rosberg bestätigt: „Ich fahre die schnellste Runde des Rennens und spüre schon in den letzten Kurven, wie der Reifen abschmiert."

»Der Grand Prix von Australien ist für mich der gleiche Leidensweg wie für Rubens Barrichello der GP Brasilien. Ich habe bei meinem Heimrennen immer Pech«
Mark Webber

Mittendrin im Pulk der Verfolger steckt Rubens Barrichello. An seinem BrawnGP ist nach einer Feindberührung in der ersten Kurve der Frontflügel krumm und der halbe Diffusor abgerissen. Der Trainingszweite lässt beim Start die Drehzahl zu weit absinken und wird links und rechts überholt. Die Lager der Getriebehauptwelle protestieren. Sie müssen für das nächste Rennen getauscht werden. Rubinho bezahlt mit dem Verlust von fünf Startplätzen in Malaysia. Trotz der Malaise beim Start wird der älteste Fahrer im Feld noch Zweiter. Barrichello wiegelt Gratulanten, die ihn mit den Worten „welcome back" begrüßen, ab: „Ich war doch nie weg." Für ihn stand immer fest, dass er das zweite Cockpit bekommt und nicht Bruno Senna. Dass der totgesagte Brawn-Rennstall gleich beim Auftakt einen Doppelsieg feiert, ist eine Story, wie sie die Formel 1 nur ganz selten schreibt. Telemetrievergleiche belegen: Button und Barrichello holen die Zeit in langsamen und mittelschnellen Kurven. Für Button geht ein zweijähriger Leidensweg zu Ende. Plötzlich ist er Englands neuer PS-Darling und nicht mehr Lewis Hamilton. Genugtuung, es denen gezeigt zu haben, die ihn schon abgeschrieben hatten? „Heute ist nicht der Tag der Revanche", lächelt Button glücklich.
Verhaltene Freude bei dem Sensationssieger, Katzenjammer beim Establishment. Ferrari verliert beide Autos durch Defekte. Auch BMW fährt mit null Punkten nach Hause. Vier Runden vor Schluss träumen sie bei den Weißblauen noch vom Sieg. Kubica holt Button und Vettel mit Riesenschritten ein. Er hat jetzt harte, seine Gegner die weichen Reifen. Bei Vettel ist Endstation. Beide Autos landen in der Mauer.
Sebastien Buemi gelingt ein Kunststück, das bereits bei Lewis Hamilton, Kimi Räikkönen oder Alain Prost der Indikator einer großen Karriere war. Der 20-jährige Schweizer fährt auf Anhieb in die Punkte. ToroRosso-Technikchef Giorgio Ascanelli applaudiert: „Ich habe selten einen Fahrer mit einer so steilen Lernkurve gesehen. Am Freitag hat er noch ein bisschen geträumt, doch am Sonntag fuhr er fehlerlos. Zum Schluss ist er müde geworden. Wir sahen, wie seine Lenkbewegungen langsamer wurden."
Der GP Australien endet, wie er begonnen hat: Im Turm der Rennleitung. Es geht um eine Aktion hinter dem SafetyCar, das nach der Kollision zwischen Vettel und Kubica ausrückt. Trulli kommt von der Strecke ab. Lewis Hamilton überholt regelkonform. Das Team ist sich aber nicht sicher und empfielt seinem Fahrer, den Toyota-Fahrer wieder vorbeizulassen. Lieber ein sicherer vierter Platz als ein dritter, der einem streitig gemacht wird. Aus Sicht der Rennleitung ist Trullis Platzgewinn ein regelwidriges Manöver. Deshalb fliegt der Italiener aus der Wertung. Sie weiß nicht, dass Hamilton zwischen den Kurven vier und fünf freiwillig von der Rennlinie fährt, Trulli also glauben musste, der Weltmeister hätte ein Problem. Hamilton und Teammanager Dave Ryan tischen den Richtern die Version auf, dass es keine Anweisung von den Boxen gab, Trulli überholen zu lassen. Diese Lüge wird vier Tage später für McLaren zum Sargnagel.

ALLE FAKTEN ZU DIESEM RENNEN AUF SEITE 188

GROSSER PREIS VON MALAYSIA

Land unter: Der GP Malaysia wird wegen eines Wolkenbruchs abgebrochen. Sutil wartet an der Boxenausfahrt auf den Re-Start

GROSSER PREIS VON MALAYSIA

Viel Platz: Auf der Zielgeraden von Sepang können bis zu fünf Autos nebeneinander fahren.
Den Sprint in die erste Kurve gewinnt Rosberg vor Trulli und Button

Fahren mit Schrittgeschwindigkeit: Formel 1-Autos sind für Monsunregen nicht gebaut.
Button balanciert seinen BrawnGP vorsichtig durch die Fluten. Im Hintergrund lauert Glock

Großer Bahnhof für Toyota: Trulli startet aus der ersten Reihe. Im Rennen landet der Italiener hinter Teamkollege Glock. Der trickst ihn durch die bessere Reifenwahl auf feuchter Piste aus

Viel Betrieb in der Boxengasse: 50 Boxenstopps in nur 31 Runden erzählen die Geschichte des GP Malaysia. Hier beschleunigen Hamilton, Heidfeld und Fisichella aus der Boxengasse

GROSSER PREIS VON MALAYSIA

Enttäuscht: Barrichello hadert mit der Boxenstrategie seines Teams. Er wollte wie Glock Intermediates, bekam aber Regenreifen. Die Quittung dafür ist der fünfte Platz

Gewitterstimmung: Wer in Malaysia um 17 Uhr startet, riskiert ein Unwetter. Am Anfang ist die Piste noch trocken. Ab Runde 28 bricht die Hölle los. Drei Runden später erfolgt der Abbruch

Zum zweiten Mal auf dem Podest: Zweiter in Ungarn 2008, Dritter in Malaysia 2009. Glock pokert mit Intermediates und hat sogar eine Siegchance. Button gewinnt auch den zweiten Grand Prix

SEPANG

Jenson Button feiert seinen zweiten Sieg. BrawnGP steht an der Spitze der Konstrukteurs-WM. Ferrari fährt mit null Punkten heim. Der alte Rivale McLaren-Mercedes hat einen Zähler auf dem Konto, aber ein Verfahren wegen Falschaussage vor dem FIA-Gericht am Hals. So ist die neue Welt der Formel 1. Nicht einmal ein Wolkenbruch spült die Verlierer, die einmal Gewinner waren, nach vorn.
Button ist nicht zu bremsen. 16 Runden lang beobachtet der Sieger von Melbourne das Geschehen vom dritten Platz aus. Nico Rosberg führt nach einem Blitzstart überraschend unbedrängt. Jarno Trulli hält sich ohne große Mühe Button vom Leib. Als die beiden zum Tanken abbiegen, zaubert Button zwei Rekordrunden aus dem Ärmel. Sie lassen erahnen, wie überlegen das weiße Auto wirklich ist. Die Anfangsphase aber gibt auch den Kritikern der doppelstöckigen Unterböden Recht. „Die Diffusoren funktionieren nur", warnt Ex-Ferrari-Designer Rory Byrne, „wenn dein Auto optimale Anströmung bekommt. Im Pulk wird es schwer, am Vordermann dranzubleiben." Tatsächlich können sich weder Button noch Trulli direkt im Windschatten der Autos vor ihnen halten. Beide Autos sind mit einem dieser umstrittenen Unterböden ausgerüstet.
Die späte Startzeit schreit nach Regen. Um 17 Uhr türmt sich eine gewaltige schwarze Wolke am Horizont auf. Es ist nur eine Frage der Zeit, wann die Hölle losbricht. Das Wetterradar sagt, in 15 Minuten. Doch da tröpfelt es nur vor sich hin. Wer wie Nick Heidfeld Benzin für 28 Runden an Bord hat, kann gelassen auf die Wetterfront warten. Wer wie Rosberg, Trulli oder Kimi Räikkönen früh an die Tankstelle muss, hat schon verzockt. Ferrari versucht mit Räikkönen die Flucht nach vorn. In der 18. Runde bekommt der Finne Schlechtwetterreifen mit. Die kosten auf staubtrockener Piste 20 Sekunden pro Umlauf. Vier elend lange Runden. Erst dann beginnt es an einigen Stellen des Kurses zu regnen. Bis auf Timo Glock holen sich alle die grobstolligen, extraweichen Regenreifen ab. Glock riecht den Braten: „So langsam, wie der Regen zunimmt, kann es noch dauern, bis es richtig losgeht. Deshalb bitte ich meinen Ingenieur: Legt Intermerdiates bereit." Richtig gepokert. Zehn Sekunden pro Runde nimmt er seinen Gegnern ab, für die das Fahren zum Eiertanz wird. „In den schnellen Kurven geben dir die Regenreifen null Halt", stöhnt Button.
In der 28. Runde rüsten alle auf Intermediates zurück. Nur um zwei Runden später wieder vor ihrer Box zu stehen. Jetzt schüttet es wie aus Kübeln. Die Wetterkapriolen produzieren zwei Gewinner. Glock, der immer auf die richtigen Reifen wechselt. Und Heidfeld, der als einziger mit einem einzigen Boxenstopp das Rennen beendet. Der Abbruch in Runde 33 kommt für den BMW-Piloten zur rechten Zeit. Gewertet wird Runde 31, und da liegt Heidfeld auf dem zweiten Platz. Es ist der neunte seiner Karriere. Doch diesmal ist er froh. „Ohne den Regen wäre ich nicht so weit nach vorne gekommen."
Ferrari macht sich mit Pannen zum Gespött. Im Training fliegt Felipe Massa bereits in der ersten K.-o.-Runde raus, weil das Team glaubt, dass die vorgelegte Zeit zum Weiterkommen reicht. „Wir haben zu spät

»Ich hatte immer zum falschen Zeitpunkt die falschen Reifen drauf. Slicks im Nassen, Regenreifen auf trockener Fahrbahn, Intermediates, als es wie aus Kübeln goss«
Nico Rosberg

gemerkt, dass die sinkenden Temperaturen die Strecke dramatisch schneller machen", bedauert Massa. Man will sich die weichen Reifen für später aufsparen, weil Ferrari mit den harten Aufwärmprobleme hat. „Der Arbeitsbereich liegt bei einer so hohen Temperatur, dass wir die Reifen selbst bei der Hitze erst nach drei Runden in das Fenster bringen", stöhnt Technikchef Aldo Costa. Massa zeigt nicht mit dem Finger auf andere: „Alle sind schuld. Die Leute, die die Rundenzeiten studieren, mein Ingenieur, ich selbst."

Ernüchterung auch bei Renault. Die Fahrer betteln beim zweiten Boxenstopp um Regenreifen, bekommen aber Intermediates. „Heute wäre es so einfach gewesen, Punkte zu machen", flucht Nelson Piquet. „Wir hatten vom Tankinhalt her die Chance, den richtigen Zeitpunkt zum Reifenwechsel abzupassen." Fernando Alonso ist durch eine schmerzhafte Ohrenentzündung gehandikapt. 38 Grad Fieber sind das Letzte, was man sich in der Waschküche von Malaysia wünscht. „Ich habe Sauna von innen und von außen." In Malaysia ist KERS ein Vorteil. Während Mark Webber in den Kurven Kreise um die Renault und McLaren fährt, holen seine Gegner mit ihrem Hybrid-Schub von 82 PS auf den Geraden alles wieder auf. Es sind Zweikämpfe wie in der seligen Formel Ford. Die Regelhüter jubeln. Ihr Konzept scheint aufzugehen.

Ablenkung hat auch Lewis Hamilton, doch auf die hätte der Titelverteidiger am liebsten verzichtet. Er verliert den dritten Platz von Melbourne, weil man ihm nachweist, dass er bei der Zeugenvernehmung gelogen hat. Alles nur, um Trulli aus der Wertung zu boxen und so einen Platz aufzurücken? „Ich wollte nicht, dass Jarno seinen Platz verliert", beteuert Hamilton. Mit gebrochener Stimme bittet er um Gnade: „Ich bin kein Lügner. Ich bin nur ein Teamplayer." Genau das ist aber sein Problem. Er hat brav immer alles geschluckt, was ihm McLaren vorgesetzt hat. Teammanager Dave Ryan ist das Bauernopfer. Er soll Hamilton angewiesen haben, bestimmte Informationen zurückzuhalten. Ryan arbeitet seit 1974 bei McLaren. Der frühere Mechaniker lebte für sein Team. „Eher übervorsichtig als eigenmächtig", so beschreiben ihn seine Kollegen.

Bei McLaren handelt keiner ohne Anordnung der Chefs. Ron Dennis hatte in 29 Jahren eine Firmenkultur geschaffen, die dem Politbüro des Kreml nicht unähnlich ist. Jeder Handgriff wird kontrolliert. Individualität ist unerwünscht. In kritischen Situationen wird gar gelogen, bis das Gegenteil bewiesen ist. Mit Ehrlichkeit kommt man auch nicht immer weiter. Als Sebastian Vettel wegen seiner Strafversetzung um zehn Startplätze bei den Sportkommissaren vorspricht, begrüßen sie ihn mit den Worten: „Da kommt der Fahrer, der ehrlich ist." Vettel antwortet leicht angesäuert: „Ich hätte besser gelogen, statt mir eine Mitschuld an der Kubica-Kollision in Melbourne zu geben. Dann wäre ich vielleicht nicht bestraft worden."

ALLE FAKTEN ZU DIESEM RENNEN AUF SEITE 189

GROSSER PREIS VON CHINA

Red Bull im Champagnerrausch: Vettel und Webber feiern den ersten Doppelsieg für das Team nach 74 GP-Starts

GROSSER PREIS VON CHINA

Als noch die Sonne schien: Die Top Ten der Startaufstellung warten auf die technische Abnahme. Vettel stellt seinen Red Bull trotz Problemen mit der Antriebswelle auf die Pole Position

Kurzheck: Nach einer Kollision mit Kubica fährt Trulli ohne Heckflügel weiter. Der Toyota des Italieners ist nach dem Rammstoß von hinten irreparabel

Man sieht, dass man nichts sieht. Der GP China ist ein gefährlicher Blindflug. Hamilton im McLaren-Mercedes folgt dem Rücklicht des Force India von Sutil

Der Regenmeister: Vettel gewinnt nach der Regenschlacht von Monza 2008 auch seinen zweiten Grand Prix auf nasser Fahrbahn. Der Deutsche fährt als einziger im Feld absolut fehlerlos durch die Fluten

GROSSER PREIS VON CHINA

SHANGHAI

Sechs Rennen in Shanghai, und drei Mal war Regen im Spiel. Nachdem die Rennen 2006 und 2007 unter wechselnden Bedingungen stattfanden, regnet es diesmal Bindfäden. Shanghai ist zwar ein relativ neuer Kurs, doch das Wasser fließt schlecht ab. „Sie müssen die Drainage verbessern", fordert Mark Webber. „Dieses Rennen war in puncto Sicht und Aquaplaning an der Grenze des Vertretbaren." Vielleicht ist ein Eingriff an der Strecke nicht mehr nötig. China zeigt der Formel 1 die kalte Schulter. Keiner will die 33 Millionen Dollar Antrittsgeld mehr bezahlen. Der ehemalige Bürgermeister von Shanghai hatte den GP-Zirkus im Alleingang in die Stadt am Huangpo geholt. Der Bürgermeister wurde längst aus dem Amt gejagt, und die allmächtige Regierung in Peking sagt: Löffelt eure Suppe alleine aus.

Das dritte Rennen des Jahres erinnert an Monza 2008. Wieder Regen, wieder stockdunkel, wieder eine Einmannshow. Sebastian Vettel startet aus der Pole Position und kommt wie 224 Tage zuvor nach einer fehlerlosen Fahrt als erster ins Ziel. Seine Kumpel nennen ihn „Moses". Weil er das Wasser teilt. Die Taktik ist die gleiche wie in Monza: Ein perfekter Start, dann mit ein paar schnellen Runde die Konkurrenz abschütteln, die in der Gischt nichts sieht. „Es war ein Blindflug", schildert der Zweitplatzierte Webber die Fahrt ins Nichts. „Als ich einmal kurz in Führung lag, dachte ich, ein anderes Rennen zu fahren. So gut war die Sicht." WM-Spitzenreiter Jenson Button merkt schnell, dass er hier nicht gewinnen kann, und sichert Platz drei: „Ich habe weder die Rücklichter noch die Spuren der vorausfahrenden Autos gesehen."

Vettel bleibt nur die schnellste Rennrunde verwehrt. Die schnappt ihm Rubens Barrichello um 0,035 Sekunden weg. Vettel hängt in der Phase, als die Strecke am schnellsten ist, hinter Button fest. Kurz überlegt er, sich zurückfallen zu lassen, um dann mit einer Qualifikationsrunde alles klar zu machen. Er verwirft den Gedanken: „Die an der Box hätten mich gekillt, wenn ich dabei das Auto weggeworfen hätte." Trotz seiner 21 Jahre fährt der neue Regenkönig mit einer erstaunlichen Abgeklärtheit. „An den Stellen, an denen viel Wasser über die Fahrbahn lief, war ich extrem vorsichtig. Ich habe meine Zeit in den Passagen geholt, wo ich ohne Risiko voll attackieren konnte."

Adrian Neweys Konstruktionen waren schon immer im Regen schnell. „Denken Sie an Fuji 2007. Oder an Sebastians Sieg in Monza im ToroRosso. Irgendwie bringen Adrians Autos im Regen mehr Temperatur in die Reifen als die anderen", resümiert Webber. Button bestätigt das: „Ich hatte große Temperaturschwankungen mit den Reifen. Nach den beiden SafetyCar-Phasen hat es ewig gedauert, bis ich wieder Grip spürte."

Red Bull bringt den Gummi zum Arbeiten, BMW, Toyota und Williams nur phasenweise oder gar nicht. Timo Glock ist ratlos, weil sein Toyota von einem Extrem ins andere fällt: „Einmal klebt der Reifen, dann wieder nicht. Irgendetwas verstehen wir mit diesen Reifen nicht. Leider lässt sich kein Muster erkennen, ob es an der Temperatur, am Streckenzustand, der Benzinmenge oder dem Aufwärmprozess liegt." Ein Getrie-

»Dieses Rennen war einfach für den Körper, aber unheimlich anstrengend für den Kopf. Ich bin mindestens 20 Mal bei 250 Sachen quergestanden«

Sebastian Buemi

bewechsel wirft den Hessen auf Startplatz 19 zurück. Da kann er gleich aus der Boxengasse starten. Toyota tankt voll und hofft, im Regen damit den Joker gezogen zu haben. Glock unterschätzt die schlechte Sicht. „Ich sah teilweise die Pfützen nicht. Deshalb bin ich Heidfeld ins Auto gerauscht." Trotz eines krummen Frontflügels wird Glock noch Siebter. „Du solltest immer aus der Boxengasse starten", flachst Mercedes-Rennleiter Norbert Haug. Schon in Melbourne fuhr Glock nach Start aus den Boxen in die Punkteränge.

Die BrawnGP spüren zum ersten Mal Gegenwind. Wegen des Umbaus des Autos auf den Mercedes-Motor liegen Getriebe und Hinterachse höher als geplant. Das verkürzt hinten die Federwege. Wenn wie in Shanghai mit wenig Bodenfreiheit gefahren wird, springt das Auto beim Beschleunigen. Ross Brawn erzählt: „Barrichello hatte diese Schwäche schon bei Testfahrten in Barcelona kritisiert, aber sie war in Vergessenheit geraten." Spritbereinigt sind Barrichello und Button die Schnellsten im Feld.

Mit dem Doppelsieg von Red Bull relativiert sich die Diffusorhysterie. Die Autos sind auch mit konventionellem Unterboden verdammt schnell. „Das beste ehrliche Auto im Feld", lobt Ferrari-Teamchef Stefano Domenicali. Doch die Red Bull sind nicht perfekt. Das schlampige Genie von Stardesigner Adrian Newey lebt in seinen Konstruktionen weiter. Am Samstagmorgen drückt es an den linken Antriebswellen der Autos Fett aus den Gummimanschetten. Die brandneuen Teile werden durch Komponenten älteren Datums ersetzt, weil man glaubt, dass eine faule Produktionsserie die Ursache sei.

Doch Vettel holt der Defekt gleich beim ersten Qualifikationsversuch wieder ein. Daraufhin darf der Heppenheimer pro K.-o.-Runde nur einmal ausrücken. „Wir haben gebetet, dass alles hält, und in den Pausen immer Fett nachgefüllt", berichtet Teamchef Christian Horner. Die Ursachenforschung fördert zu Tage, dass wegen der geringen Bodenfreiheit die linke Antriebswelle durch Auf- und Abbewegungen die Gummimanschette aufschlitzt. Dazu kommt, dass das Fett zum Schutz der Gelenke auf dem zweimonatigen Seetransport nach Asien seine Konsistenz verändert hat. Es ist härter als es sein soll. ToroRosso hilft mit frischem Fett aus. Und mit einem Trick, den Vettel beim Schwesterteam gelernt hat, als es einmal ähnliche Probleme gab. Man dreht den abdichtenden Metallring am Übergang zur Welle einfach um. Das Teil in Form einer Acht hat dann auf der Unterseite mehr Luft.

Webber erzählt in der Pressekonferenz, Red Bull habe die Antriebswellen im Parc fermé modifiziert. Das wäre verboten. Man darf nur identische Teile tauschen. Ross Brawn hat sich Webbers Aussage mit einem Edding markiert. Erst als er den wahren Hintergrund erfährt, sieht er von einem Gang zu den Sportkommissaren ab. „Vielleicht ist es gut so, dass ein Auto mit normalem Diffusor gewonnen hat. Das widerlegt die Kritiker, die trotz des Urteils der FIA immer noch behaupten, unser Diffusor sei illegal."

ALLE FAKTEN ZU DIESEM RENNEN AUF SEITE 190

GROSSER PREIS VON BAHREIN

Sieg trotz Hindernissen: Button ist beim Start nur Vierter. Und er darf wegen erhöhter Motortemperaturen nicht im Pulk fahren

GROSSER PREIS VON BAHRAIN

Orientierungsschwierigkeiten: In den großen Asphaltflächen kann man sich leicht verirren. Piquet verbremst sich und muss dabei den BMW von Heidfeld ziehen lassen

Toyota-Doppel beim Start: Trulli und Glock beschleunigen Kopf an Kopf auf die erste Kurve zu. Glock gewinnt das Duell. Im Ziel liegt Trulli als Dritter vier Plätze vor dem Deutschen

Da staunt der Scheich: Räikkönens Physiotherapeut spendet seinem Schützling Schatten.
Der Finne holt im vierten Rennen die ersten Punkte für Ferrari. Räikkönen wird farbloser Sechster

Hartes Brot für Buemi: Der Schweizer kämpft in Bahrain mit dem Problem, die Reifen
zum Arbeiten zu bekommen. Die Folge sind regelmäßig Verbremser

GROSSER PREIS VON BAHRAIN

Siegchance vertan: Vettel fällt in der Startrunde auf Platz fünf zurück. Während Button vorne wegziehen kann, nähert sich von hinten Barrichello. Am Ende wird der Shanghai-Sieger Zweiter

Neue Bescheidenheit: Der vierte Platz zählt für Hamilton wie ein Sieg. Sein McLaren ist in Bahrain halbwegs konkurrenzfähig. Glock ärgert sich, dass aus dem zweiten Startplatz nur Rang sieben wurde

Überraschung auf Startplatz eins: Trulli ist nach der Qualifikation ein gefragter Mann. Für den Toyota-Piloten ist es nach Monaco und Belgien 2004 und nach USA 2005 die vierte Pole Position

Günstige Bedingungen: Die Kurven von Sakhir haben kurze Radien. Da fällt das aerodynamische Defizit des McLaren MP4-24 weniger ins Gewicht. Und KERS ist auf den langen Geraden ein Gewinn

GROSSER PREIS VON BAHRAIN

SAKHIR

Jenson Button gewinnt an Profil. Das ewige Talent hat seine Meisterprüfung abgelegt. Plötzlich lacht keiner mehr, dass er sich bei Williams um 35 Millionen Dollar freikaufen musste, um bei Honda eine Niete nach der anderen zu ziehen. Eigentlich spricht in Bahrain alles gegen Button: Er steht nur auf Startplatz vier, ist spritbereinigt langsamer als der Drittplazierte Sebastian Vettel und hat die ganze KERS-Armada direkt in seinem Rücken. Die BrawnGP leiden an einem Kühlproblem. Wenn es heißer als 31 Grad wird, muss die Drehzahl runter. Bis zur Startzeit um 15 Uhr Ortszeit klettert das Thermometer auf 37 Grad. Teamchef Ross Brawn schwant Böses. „Im Verkehr wird alles noch schlimmer." Da addieren sich zur Außentemperatur leicht sieben Grad dazu.

Die Kühlung für den Wasserkreislauf des Mercedes V8 ist beim Brawn BGP001 unterdimensioniert. Mercedes macht ihm eine klare Ansage. Zwischen 125 und 132 Grad Wasser gilt Sicherheitsstufe eins: Minus 500 Umdrehungen. Darüber hilft nur noch der Notfallmodus: 1000 Umdrehungen weniger bedeuten auf der Stoppuhr eine halbe Sekunde.

Button weiß, was er zu tun hat. Er muss beim Start an Vettel vorbei und darf auf keinen Fall eines der KERS-Autos vorbeilassen. Die beiden leichtgetankten Toyota aus der ersten Startreihe werden sich schnell absetzen, dafür früh tanken, wären also kein Handikap für die Kühlung. Teil eins des Plans funktioniert. Button geht außen an Vettel vorbei. Doch dann trickst ihn ausgangs Kurve drei Lewis Hamilton im McLaren-Mercedes aus. Am Ende der ersten Runde bremst Hamilton die Zielkurve zu spät an. Button kommt längsseits, Hamilton kontert dank KERS mit seinem 82-PS-Schub, muss am Bremspunkt der ersten Kurve dann aber zurückstecken. „Auf der Bremse", verrät Button, „sind wir unschlagbar."

Der Rest ist Routine. Toyota eliminiert sich selbst. Aus Angst, die weichen Reifen könnten in Bahrains Wüstensonne zerfließen, legen Jarno Trulli und Timo Glock im Mittelabschnitt einen langen Turn mit harten Reifen ein. Der wirft sie aussichtslos zurück. Sebastian Vettel ruiniert sich seine weichen Sohlen durch Hinterherfahren. Das Auto rutscht mehr, dadurch heizt sich der Reifen so stark auf, dass er oben aus dem Temperaturfenster fällt. Der Gummi erholt sich nie wieder, weil die Überhitzung die Chemie verändert. Vettel kommt an Trulli nur durch den späteren zweiten Tankstopp vorbei. Der Sieger von China ist andere Pokale gewohnt. Als man ihm die Trophäe für den zweiten Platz in die Hand drückt, will er sie an Trulli weiterreichen. „Die war so klein, dass ich dachte, die sei für den dritten Platz bestimmt."

Toyota sieht nur im Training wie ein Sieger aus. Im 126. Anlauf bringt der Kölner Rennstall erstmals zwei Autos in die erste Startreihe. „Die ersten zwei Pole Positions 2005 in Indy und Suzuka kamen dank glücklicher Umstände zustande", gibt Technikchef Pascal Vasselon zu. Trulli findet eine Erklärung für Toyotas Sternstunde. „Erstens: Wir haben hier im Winter getestet. Zweitens: Unser Auto geht in Bahrain immer gut.

»Es war die beste erste Runde meines Lebens. Es tut gut, endlich ein Auto zu haben, mit dem ich auch dann etwas zeigen kann, wenn es nicht nach Plan läuft«
Jenson Button

Drittens: Wir hatten endlich ein Training, das abgesehen von einem weichen Bremspedal nach Plan lief." Die ehemaligen Topteams spielen bei der Vergabe der Podestplätze keine Rolle. McLaren-Mercedes ist mit Platz vier für Lewis Hamilton noch gut bedient. „Wir sind zu langsam. Das Heck will dauernd ausbrechen", stöhnt der Weltmeister. Teamchef Martin Whitmarsh räumt ein: „Wir haben besser ausgesehen als wir sind. Die Strecke mit ihren kurzen Kurven kommt unserem Auto entgegen."

Ferrari atmet auf. Kimi Räikkönens sechster Platz tilgt die Null auf dem Konto. Es ist wieder kein pannenfreies Wochenende für die Roten. Felipe Massa muss seinen Hybridantrieb abschalten, weil die Telemetrie ausfällt. Räikkönen verliert zwei Sekunden beim zweiten Tankstopp, weil links hinten die Felgenabdeckung klemmt. Fernando Alonso holt mit letzter Kraft ein Pünktchen für Renault. „Das entspricht unserem Leistungsstand", sagt der Spanier desillusioniert. Im Ziel bricht er zusammen, weil die Trinkflasche nicht funktioniert hat. „Ich habe das ganze Rennen nichts getrunken. Das Zeug wird heiß wie Tee", brüstet sich Teamkollege Nelson Piquet und will damit sagen: Ich bin fitter als Alonso.

Die BMW-Mannschaft sitzt wie erschlagen auf dem Boden, und daran ist nicht die Hitze schuld. „Wenn man am Auto nichts ändert, wird man auch nicht schneller", schimpft Nick Heidfeld. Nachdem sich Heidfeld und Robert Kubica im Startgetümmel die Frontflügel abfahren, bleibt nur noch ein Akt der Verzweiflung: Volltanken, harte Reifen, Hoffen auf ein SafetyCar. Teamchef Mario Theissen will nach den Plätzen 18 und 19 den Entwicklungsfahrplan überdenken. „Wir dachten, dass es wegen des Testverbotes besser ist, größere und gut aufeinander abgestimmte Entwicklungsschritte zu bringen. Das könnte ein Fehler gewesen sein."

Acht Autos mit KERS, das ist Rekord. Pro Runde wird in Bahrain sechs Mal lang und hart gebremst. Zeit genug, die Batterien jede Runde aufzuladen. „Wir sind da auf einigen Strecken am Limit", gibt Theissen zu. BMW hat leichte Batterien, doch die haben nur eine beschränkte Ladekapazität. Ferrari und Renault schleppen mehr Gewicht mit sich herum, können dafür ihren Speicher weit über das 400-Kilojoule-Limit aufladen. „Dieser Puffer gibt Flexibilität", erklärt BMW-Technikkoordinator Willy Rampf.

Ferrari setzt das Experiment fort, das in China wegen eines Problems mit dem Hybridantrieb scheiterte. Massa fährt am Freitag mit, Räikkönen ohne KERS. Ergebnis: Mit KERS ist um 0,3 Sekunden schneller. Räikkönens Auto wird Freitagnacht umgerüstet. McLaren ist das einzige Team, das alle vier Rennen mit KERS in beiden Autos bestritten hat. „Wir haben das leichteste und beste System", ist Mercedes-Sportchef Norbert Haug überzeugt. „Es bringt pro Runde drei bis fünf Zehntel." Kugelsicher ist die nur 25 Kilogramm schwere Einheit auch nicht. Kovalainen muss das System am Freitag abschalten, nachdem die Transistoren in der Leistungselektronik einen Hitzekollaps erlitten hatten.

ALLE FAKTEN ZU DIESEM RENNEN AUF SEITE 191

VETTELS TITELATTACKE

KRONPRINZEN

Red Bull tritt als Herausforderer von BrawnGP an. Das schnellere Paket scheitert an zu vielen Fehlern

Es hat nicht sollen sein. Am Ende stand Enttäuschung, obwohl es wenig Grund zur Enttäuschung gab. Die Chance, dass Sebastian Vettel und Red Bull ihren Gegner Jenson Button noch einholen würden, war nicht viel größer als die auf einen Lottogewinn. Warum sollte Button

VETTELS TITELATTACKE

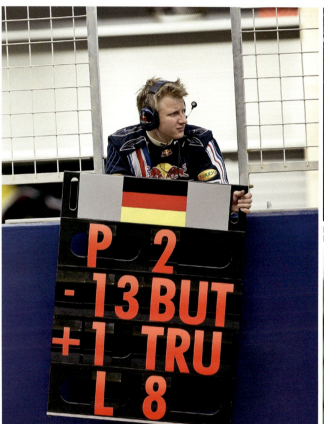

Symbolkraft: Vettels Physiotherapeut Tommi zeigt seinem Klienten den Stand an: Button führt 13 Sekunden vor Vettel, dahinter Trulli

Betretene Miene: Der WM-Traum ist in Brasilien geplatzt. Teamchef Horner und Red-Bull-Berater Marko spenden Trost

Das Superhirn: Chefdesigner Newey ist auch den Fans ein Begriff. Der Red-Bull-Konstrukteur ist in Melbourne Ziel der Autogrammjäger

nicht fünf Punkte aus zwei Rennen holen können? Wo er doch zuvor nur ein einziges Mal nicht in den Punkterängen gelandet war. Vettel machte in Brasilien ein langes Gesicht, und Red Bull mochte nicht einmal den Sieg von Mark Webber feiern. Zu sehr hatte man sich in die Idee verrannt, das Unmögliche doch noch möglich zu machen.

Sebastian Vettel nannte selbst die Gründe, warum die schnellste Kombination des Jahres nicht zum Zug kam. „Wir hatten fünf Nuller. So wird man nicht Weltmeister." Der Crash mit Kubica in Melbourne, der Dreher in Sepang, der Rempler mit Räikkönen in der Startrunde von Budapest, die Startprobleme mit der Kupplung und dem zunächst etwas durchzugsschwachen Renault-Motor, die optimistischen Strategien in Monte Carlo und Istanbul, die Motorplatzer in Valencia und das daraus resultierende Kilometersparen bei den folgenden Trainingssitzungen, die Durchfahrtsstrafe in Singapur und das vermasselte Training von Interlagos waren mindestens eine schlechte Nachricht zuviel. Vor allem, wenn man gegen einen Gegner fährt, der in 17 Rennen nur einen Defekt zu beklagen hat. Dessen Fahrer zusammen 455 Grand Prix auf dem Buckel haben.

Sebastian Vettel hat noch viel Zeit. Er ist erst 22, und er hat erst 43 GP-Starts in seiner Vita. Er war der schnellste Mann der Saison, aber eben noch nicht der beste. Der Hunger nach mehr wurde beim allerersten Test des Red Bull RB5-Renault Anfang Februar in Jerez geboren, als man mit einer Rennladung Sprit den anderen – die viel weniger Benzin an Bord hatten – um die Ohren fuhr. „Da haben wir Blut geleckt", gibt Teamberater Helmut Marko zu. „Ab da haben wir die Chance gesehen, es schon in diesem Jahr zu packen." Die Hoffnung wurde zwei Mal aufgefrischt. Einmal, als Stardesigner Adrian Newey in

Silverstone eine B-Version nachschob, die nicht B-Version heißen durfte, weil sonst jeder gefragt hätte, was der Totalumbau des Autos gekostet hat. Drei Millionen Euro sollen es gewesen sein. In Singapur feilten ein neuer, aerodynamisch stabilerer Frontflügel und ein Doppeldiffusor, bei dem die vorher getrennten oberen Kanäle endlich in einen großen Expansionskanal zusammengeführt wurden, noch einmal vier Zehntel von der Rundenzeit weg.

Ganz klar: Red Bull hatte das beste Auto der zweiten Saisonhälfte. Da schlich sich eine gewisse Torschlusspanik ein. Kann man wissen, ob man 2010 noch einmal so einen großen Wurf landen wird? Offenbar war selbst Newey skeptisch. 20 Mal hat er den Forontflügel im Verlauf der Saison nachgebessert, nichts blieb unversucht beim Versuch, das ganz große Ziel im Handstreich zu schaffen.

Doch Red Bull hatte nicht nur diese Saison im Blick. Die Strategen in Salzburg und Milton Keynes bauten vor. Die frühe Vertragsverlängerung von Vettel war Teil einer langfristigen Strategie. Red Bull hat auch die 35 wichtigsten Mitarbeiter für drei Jahre an sich gekettet. Dazu zählt das Designertrio Adrian Newey, Peter Prodromou und Rob Marshall. In Zeiten eingeschränkter Ressourcen entscheidet die Qualität des Personals, und die Fahrer werden immer wichtiger. Bevor die Gagen ins Unermessliche steigen, sichert man sich besser die Königsfiguren auf dem Markt. Da Webbers Kontrakt auf 2010 terminiert ist, wollte sich Red Bull die Situation ersparen, dass beide Fahrerverträge gleichzeitig auslaufen. Sonst würde man sich erpressbar machen.

Bei Sebastian Vettel hat die Hysterie Ausmaße der goldenen Schumacher-Zeiten erreicht. Seine Pressekonferenzen sind so stark besucht, dass man den Deutschen in der Menschentraube gar nicht mehr erkennt. Mark Webbers erster Grand-Prix-Sieg am Nürburgring tat der Begeisterung für Vettel kei-

Doppelspitze: Vettel im Red Bull gibt das Tempo vor. Buemi im B-Team ToroRosso fährt dem Chefpiloten hinterher

VETTELS TITELATTACKE

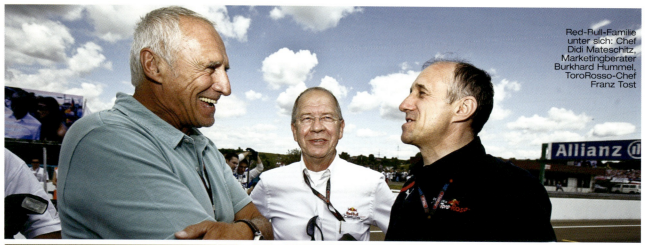

Red-Bull-Familie unter sich: Chef Didi Mateschitz, Marketingberater Burkhard Hummel, ToroRosso-Chef Franz Tost

Red Bull feiert drei Doppelsiege. In Silverstone wird Chefdesigner Newey von Vettel und Webber unter Beschuss genommen

Auch in der Türkei hat Vettel seine Fans. Zwei Damen auf der Haupttribüne von Istanbul haben einen eindeutigen Helden

nen Abbruch. Bei Webber stellten sich nicht mal halb so viele Journalisten an. Und dennoch spielt der Australier, der trotz eines gerade ausgeheilten Beinbruchs die beste Saison seines Lebens fuhr, eine wichtige Rolle im Team. Er ist der ruhende Pol, ein guter Gradmesser für Vettel, bei dem manchmal noch jugendlicher Übermut durchblitzt. Als das Team in Monte Carlo das mechanische Defizit des Autos mit einem kurzen ersten Turn zugunsten einer guten Startposition wettmachen wollte, da sagte Webber nein. „Wer in Monaco nach zehn Runden tankt, begeht Selbstmord. Du fällst viel zu weit ins Feld hinein." Vettel ließ sich bequatschen, auch 14 Tage später in Istanbul, bis ihm der Geduldsfaden riss. Danach forderte er für alle Strategieentscheidungen sein Mitspracherecht ein.

Sebastian Vettel ist Red Bulls Lebensversicherung. „Wir bauen das Team um ihn herum auf, so wie es Ferrari mit Schumacher und Renault mit Alonso gemacht hat", verrät Teamchef Christian Horner. Der Deutsche kommt im Team der Engländer gut an, „vermutlich deshalb", mutmaßt einer im Team, „weil er so gar nicht deutsch ist." Vettels Sympathiebonus ist seine Natürlichkeit. Es gibt keinen Manager, der versucht, ihm eine Stromlinienform zu verpassen. Genau das ist das Problem von Lewis Hamilton. Im ersten Jahr war der Engländer noch erfrischend normal. Spontane Gesten, freche Antworten. Danach haben ihn sein Vater Anthony und McLaren zu einer Marionette geformt. Die Antworten des Weltmeisters sind inzwischen schon Stehsatz. Man weiß, was kommt. „Vettel ist schön unverdorben. Doch auf ihn werden noch Dinge einstürzen, die er sich heute gar nicht vorstellen kann. Wenn er mal der Superstar der Szene ist und jeder was von ihm will, braucht er einen Berater", warnt Jackie Stewart.

Red-Bull ist im fünften Jahr Formel 1-Zugehörigkeit zu einem Topteam zusammengewachsen. Am Auto trat ein einziger Defekt auf. An der linken Vorderradaufhängung war die Befestigung des Querlenkers am Chassis angebrochen. Man hat es erst gemerkt, als Räikkönens Rammstoß in der Startrunde von Budapest dem Teil den Garaus machte.

Die vier Motorschäden, drei davon im Training, gehen auf das Konto von Renault. Im Trainingsmotor von Valencia brach wie in Istanbul die Kurbelwelle, weil das Hauptlager zu wenig Spiel hatte. „Der zweite Defekt hat uns geholfen, die Ursachen besser zu verstehen", suchte Motorenchef Fabrice Lom das Gute im Schlechten. „Wir haben bei den letzten frischen Motoren sofort Gegenmaßnahmen ergriffen." Der Motorplatzer beim GP Europa fällt in die Kategorie Schicksal. Beim Einbau des Triebwerks fiel ein Dichtungsring der Einspritzleiste in einen Zylinder. Das Teil wurde zwar zu Beginn seines Einsatzes in der Qualifikation wieder ausgespuckt, doch es hatte Spuren hinterlassen. Nach 249 Kilometern ging ein Kolben zu Bruch. Solche Fehler können in der Hektik passieren. Die Mechaniker hatten für den Motorwechsel nur zwei Stunden Zeit. „Das ist beim Red Bull schwieriger als beim Renault, weil da im Heck alles so eng ist", erzählt Lom. Webber gibt ihm Recht: „Angesichts der beengten Verhältnisse da hinten ist es ein Wunder, wie gut die Motoren funktioniert haben." In einer Disziplin war der Renault V8 sogar top. Er hatte den günstigsten Benzinverbrauch.

Red Bull hat sich gewandelt. Party ist out. Der Limonadenhersteller hat plötzlich mehr zu bieten als nur den Draht zur jungen Generation: Siege, Sebastian Vettel, Superhirn Adrian Newey und eine neue Ernsthaftigkeit. Trotzdem hätte man den zweiten Platz am Ende mit der altbewährten Lockerheit akzeptieren können. In dieser Saison galt ausnahmsweise: Der erste Verlierer war auch ein Gewinner.

Heckansicht: Die Gegner sahen das schnellste Auto im Feld oft von hinten

GROSSER PREIS VON SPANIEN

Sieg durch Strategieänderung: Button wechselt von drei auf zwei Stopps. Die Red Bull hängen hinter Massa im Ferrari fest

GROSSER PREIS VON SPANIEN

Stadionatmosphäre: Am Ende der Gegengeraden haben die Zuschauer einen guten Blick auf viel Strecke. Wegen der Rezession kommen diesmal nur 92 000 statt wie im letzten Jahr 133 000 Besucher

Zweiter Aufguss: BMW präsentiert seinen F1.09 mit neuer Aerodynamik und ohne KERS. Trotz Facelifting an Front-, Heckflügel und Seitenkästen reicht es für Heidfeld nur zu Rang sieben

Enttäuschung: Piquet erhofft sich in Barcelona seine ersten Punkte in der Saison. Stattdessen kommt er nur als Zwölfter ins Ziel. Sein Renault wird bei einer Startkollision beschädigt. „Es fehlte Abtrieb"

GROSSER PREIS VON SPANIEN

Kleiner Lichtblick: Heidfeld holt im umgebauten BMW F1.09 zwei WM-Punkte. Es wäre mehr möglich gewesen, hätte der Deutsche nicht wegen Reifendruckproblemen vom 13. Platz starten müssen

Hamiltons unter sich: Vater Anthony und Freundin Nicole trösten Hamilton über Startplatz 14 hinweg. Der Weltmeister ist in Barcelona chancenlos. Dem McLaren-Piloten fehlen 1,1 Sekunden pro Runde

Rätselraten bei Toyota: Der neue dreistufige Frontflügel erweist sich als Fehlschlag. Deshalb wird auf die alte Version mit zwei Elementen zurückgerüstet. Trulli und Glock bleiben dennoch punktelos

Kleinholz in der zweiten Kurve: Ein Unfall eliminiert nach einem Kilometer vier Autos. Trulli räumt Sutil ab, der ausweichende Buemi wird von ToroRosso-Teamkollege Bourdais ins Kiesbett gerammt.

GROSSER PREIS VON SPANIEN

BARCELONA

Die Wirtschaftskrise wirft erste Schatten. Spanien mit seiner Rekordarbeitslosigkeit von 17 Prozent trifft es da besonders hart. Seit 2003 hat Fernando Alonso regelmäßig das Haus gefüllt, doch diesmal bleiben viele Plätze leer. 92 400 Besucher am Renntag sind für sich genommen keine schlechte Zahl, doch im Jahr davor füllten am Sonntag noch 133 600 Zuschauer die Ränge, und 2007 waren es 140 700. Der Rückgang um 35 Prozent sollte zu denken geben.

Superstar Alonso fährt ohne Aussicht auf einen Sieg im Rennen um die kleinen Punkte mit. „So traurig es ist, meine Landsleute interessieren sich nur für Sieger", bedauert Spaniens bester Motorsportartikel. Renault ist wie alle anderen Topteams von der Rolle. Nicht so schlecht wie McLaren und BMW, aber auch nicht so gut wie die erstarkten Ferrari. Renault modifiziert für Alonsos Heimspiel den Heckflügel, die Radkappen und den Diffusor, der exklusiv Alonso vorbehalten bleibt. „Der macht zwei Zehntel", rechnet Nelson Piquet nach dem Abschlusstraining vor. „Da mir auf Fernando nur ein Zehntel fehlt, war ich schneller als er."

Bei Ferrari profitiert zunächst nur Kimi Räikkönen vom neuen Leichtgewichtchassis. Es gleicht seine sechs Kilogramm Differenz zu Felipe Massa aus. Bei Red Bull löst ein Karbongehäuse das alte Aluminium-Getriebe ab. Das spart fünf Kilogramm. Mark Webber kommt in den Genuss, Sebastian Vettel nicht. Der Shanghai-Sieger ist mit dem Getriebe in einem anderen Einsatzrhythmus und darf erst in Monte Carlo ohne Strafe Gehäuse und Innereien wechseln.

Das Wettrüsten 2009 erreicht groteske Züge. Kein Auto im Feld, das nicht modifiziert worden wäre. Ferrari und BMW bringen halb neue Autos nach Spanien. Seit Ende Januar wird an den Spezifikationen gearbeitet. Als das FIA-Urteil die doppelten Unterböden sanktioniert, machen die Ingenieure eine Kehrtwende und passen bereits konzipierte Komponenten wie Frontflügel und Leitbleche dem eilig nachgeschobenen Doppeldiffusor neu an. Ferrari schafft es, BMW nicht. „Die Ergebnisse waren nicht eindeutig", weicht Technikkoordinator Willy Rampf aus. „Bevor wir uns verzetteln, machen wir aus Version A eine Version B und kommen in Istanbul damit."

Die Jäger machen die Rechnung ohne die Gejagten. Ferrari und BMW holen eine knappe Sekunde auf die Spitze auf, doch die bewegt sich ihrerseits um vier Zehntel nach vorne. BrawnGP präsentiert eine fast vollständig geschlossene Motorabdeckung und eine Diffusor-Evolution. Red Bull kontert mit neuem Frontflügel und Leitblechen, die als Spiegelhalterung zweckentfremdet werden. So neutralisiert man sich gegenseitig. BrawnGP bleibt einen Tick besser als Red Bull. Im ersten Sektor fahren Vettel und Webber zwei Zehntel schneller als der Rest. Der enge Schlussabschnitt gehört Jenson Button und Rubens Barrichello.

Dazwischen hängt Fremdkörper Felipe Massa im runderneuerten Ferrari. Er darf zum ersten Mal in dieser Saison vom Sieg träumen. Wenn beim Start alles glatt geht. Auf dem 550 Meter langen Sprint bringen

»Ich hatte 63 Runden lang ein rotes Auto vor meiner Nase. Mir ist dabei fast schwindelig geworden«

Sebastian Vettel

82 PS extra aus dem KERS-Reservoir rechnerisch einen Vorteil von 20 Metern. Massa startet 24 Meter hinter Jenson Button. „Ich stand auf der schmutzigen Spur. Und ich hatte als einziger im vorderen Feld keinen frischen Satz Reifen mehr", entschuldigt sich der Brasilianer dafür, dass er nur an Vettel vorbeikommt, die beiden Brawn-Piloten aber ziehen lassen muss.

Für Vettel ist das Rennen gelaufen. Er studiert 63 Runden lang das Heck des Ferrari. „Ich hätte eine halbe Sekunde pro Runde schneller fahren können." Red Bull versucht es mit taktischen Winkelzügen, doch Ferrari lässt sich nicht austricksen. Massa und Vettel kommen immer im Parallelflug an die Zapfsäule. Beim zweiten Boxenstopp fließen laut Ferrari-Rechnung neun Liter weniger Benzin in den Tank von Massas Auto als programmiert. Renningenieur Rob Smedley fordert seinen Piloten zum Benzinsparen auf. Den letzten Umlauf fährt Massa in 1.38 Minuten. Damit würde er sich nicht einmal im GP2-Feld qualifizieren. Der wahre Grund wird nie kommuniziert. Er ist Ferrari peinlich. Die Männer an der Boxenmauer haben sich verrechnet. Es war genug Sprit im Tank.

Bei BrawnGP gibt es erstmals Zoff. Barrichello ist das ganze Wochenende schneller als Button, nur in den beiden entscheidenden Phasen nicht. Er hat die 14. Pole Position seiner Karriere in der Hand, und dann verliert er sie noch in den letzten Sekunden. „Ich bin zu früh auf die Strecke. Und mein Auto war 3,5 Kilogramm schwerer als das von Jenson." Button lässt den Frontflügel einen Tick flacher stellen, damit der Heckflügel etwas besser angeströmt wird, er erinnert sich daran, dass Rubens die Reifen in den langsamen Kurven dadurch auf Temperatur bringt, dass er extrem aggressiv einlenkt, und plötzlich geht der Knoten auf. „Jensons Runde war phänomenal", staunt Ross Brawn.

Im Rennen läuft zunächst alles für Barrichello. Er katapultiert sich beim Start sofort an die Spitze, liegt bis zum zweiten Stopp exakt in der Marschtabelle, bevor er mit dem dritten Reifensatz eine halbe Sekunde pro Runde abstürzt. Die Reifen sind sechs Runden alt, haben zwei Aufwärmzyklen hinter sich. Der Luftdruck ist eine Spur zu niedrig. Das Auto setzt dauernd auf. Der Rekordteilnehmer mag das nicht. In der Zwischenzeit wird Button von drei auf zwei Stopps umgepolt, weil er Gefahr läuft, nach dem ersten Tankstopp hinter Nico Rosberg zu fallen. Button protestiert, wird aber eines Besseren belehrt. „Du musst Temperatur in die Reifen kriegen und dein Tempo fahren", sagt ihm Ingenieur Andrew Shovlin. Button räubert mit dem schweren Auto um die Ecken und überholt den Teamkollegen, weil der immer weiter aus seinem Zeitfenster fällt. Verschwörungstheorien wiegeln Barrichello auf. War es vielleicht Absicht, damit Button seine WM-Führung verteidigt? Der Brasilianer heult sich beim Teamchef aus: „Wenn es Stallregie war, höre ich auf." Brawn klärt ihn auf: „Du hättest gewonnen, wenn du im dritten Turn nicht abgestürzt wärst."

ALLE FAKTEN ZU DIESEM RENNEN AUF SEITE 192

GROSSER PREIS VON MONACO

Einzigartige Kulisse: Räikkönen pfeilt mit seinem Ferrari aus der Portier-Kurve Richtung Tunnel. Im Meer dümpeln Yachten

Keine Zeit für die schöne Aussicht: Sieger Button fährt in Monte Carlo eines seiner besten Rennen. Als einziger hat er das Körnen der weichen Reifen im Griff. Es liegt an seinem runden Fahrstil

Totale Pleite: Vorjahressieger Hamilton touchiert im Training in der Mirabeau-Kurve die Leitplanken. Nach einem Start vom letzten Platz kommt der Engländer nicht über Platz 12 hinaus

Schlüsselstelle: Am Ende der Steigung sind die Formel 1-Autos 265 km/h schnell. Hinter der Kuppe müssen sie blind in die Massenet-Linkskurve einlenken. Die Gäste des Hotel de Paris haben den besten Blick

Renault als Dreirad: Piquet liegt nach dem Start mit viel Benzin im Tank auf Platz zehn. Dann torpediert Buemi den Brasilianer von der Bahn. „Es hätte heute Punkte gegeben", flucht Piquet

GROSSER PREIS VON MONACO

Stellungskampf nach dem Start: Button heizt vor Barrichello, Räikkönen und Vettel den Berg zum Casino hoch. Dahinter wird Massa schon von Rosberg bedrängt. Alonso pariert eine Attacke von Nakajima

Nadelöhr: Die Passage zwischen Mirabeau- und Portier-Kurve ist die engste auf dem Stadtkurs. Vettel zirkelt seinen Red Bull mit Geschwindigkeiten zwischen 40 und 120 km/h durch den Engpass

Endlich ein Lichtblick: Räikkönen holt im sechsten Rennen des Jahres den ersten Pokal für Ferrari ab. Der Finne darf sich in der Fürstenloge als Dritter feiern lassen

MONTE CARLO

In Monte Carlo werden viele Legenden gestrickt. Auch falsche. Zum Beispiel die: Der Fahrer macht hier noch den Unterschied aus. „Stimmt schon lange nicht mehr", wehrt Nick Heidfeld ab. „In einem schlechten Auto kann der beste Fahrer nicht gewinnen." Sprach's und qualifiziert sich für die vorletzte Startreihe. „Wir kriegen die Reifen nicht auf Temperatur", jammern die BMW-Piloten. Monaco-Spezialist Robert Kubica ergänzt: „Du brauchst ein Auto, das dir Vertrauen gibt zu attackieren." Genau das ist das Problem aus Sicht der Techniker, führt Red-Bull-Chefdesigner Adrian Newey aus: „Je gutmütiger und berechenbarer du ein Auto abstimmst, umso langsamer wird es. Es gilt hier, den goldenen Mittelweg zu finden."

Der Fahrer kann auf keinem der 3340 Meter Strecke relaxen. „Es gibt nicht eine Stelle, die einfach wäre. Jede Kurve ist speziell", erzählt Timo Glock. Für Nico Rosberg gibt es drei Schlüsselstellen: Die Massenet-Linkskurve am Ende des langen Bergaufstücks. Das Anbremsen der Hafenschikane nach dem Tunnel. Und der 210-km/h-Slalom eingangs der Schwimmbadpassage.

BrawnGP gibt auch in der Stadt den Ton an. Jenson Button und Rubens Barrichello feiern den dritten Doppelsieg in diesem Jahr. Dass Barrichello ausgerechnet auf der Strecke verliert, auf der er sich stärker wähnt als seinen Teamkollegen, macht den Brasilianer nachdenklich: „Ich hatte Jenson in der Qualifikation nicht mehr auf der Rechnung. Das ganze Training war ich klar schneller als er. Ich frage mich, wo er die Zeit gutgemacht hat." Teamchef Ross Brawn klärt auf: „Jenson gibt erst 100 Prozent, wenn es darauf ankommt."

Auch in der Anfangsphase, in der die BrawnGP-Piloten gegen den Trend mit den weichen Reifen unterwegs sind, zeigt Button seine Qualitäten. Aus der Spitzengruppe schließt sich nur Vettel der Taktik an und stürzt mit körnenden Reifen total ab. Er verliert drei Sekunden pro Runde. Bei Barrichello gehen die Hinterreifen ab der siebten Runde in die Knie. Der Rekordteilnehmer ist vom Körnen mehr betroffen als Button. Das liegt am Fahrstil. Button fährt weicher und runder. Schon in Melbourne hat er bewiesen, dass er mit Körnen besser umgehen kann als jeder andere. Nach der Serie der ersten Tankstopps verwaltet der neue Seriensieger nur noch seinen Vorsprung von 15 Sekunden. Gibt Barrichello mal für ein paar Runden Gas, richtet ihm sein Stallrivale mit einer schnellen Runde aus: Mach dir keine Hoffnungen.

Kurven bis 160 km/h sind das Revier der weißen Autos. Das spricht nicht nur für eine gute Mechanik. Rosberg glaubt: „Die generieren mehr Anpressdruck bei höheren Bodenfreiheiten als alle anderen Autos." Der Red Bull ist nicht für langsame Strecken gebaut. „Dafür, dass es hier nur zwei schnelle Kurven gibt, sind wir gar nicht so schlecht", urteilt Mark Webber. Sein Auto ist beim Start gleich schwer wie das von Button. Der Rückstand beträgt sieben Zehntel. So sieht die ungeschminkte Wahrheit aus. Die Red-Bull-Chefs träumen schon vom Titel und versuchen mit Vettel das Unmögliche. Mit nur 28 Liter Benzin an Bord soll er auf die Pole Position fahren. Der Plan misslingt, weil Kazuki Nakajima vor ihm herschleicht. Im Rennen muss

»Ich hätte gerne gewonnen, doch der dritte Platz ist gut für die Stimmung im Team. Ich hoffe, bei uns kehrt jetzt ein bisschen Frieden ein«

Kimi Räikkönen

Vettel seinen Zwölfrunden-Turn wegen zerfledderter Reifen bereits nach zehn Runden abbrechen. Er bekommt jetzt 100 Liter in den Tank gefüllt. So schwer war der Red Bull das ganze Wochenende nicht. Prompt segelt Vettel in der Sainte-Dévote-Kurve in die Reifenstapel.

Ferrari bestätigt die gute Form von Barcelona. Kimi Räikkönen lauert mit dem KERS-Boost auf dem zweiten Startplatz, doch bei nur 150 Meter Anlauf und der Regel, dass die Hybrid-Power erst ab 100 km/h aktiviert werden darf, schrumpft der Vorteil auf fast Null dahin. „Wir haben mehr Angst, dass er den steilen Berg hinauf angreift", fürchtet Ross Brawn. Nichts passiert. Räikkönens Räder scharren auf der rutschigen Spur, und schon ist Barrichello durchgerutscht. Trotzdem deuten die Ferrari an, dass mit ihnen in Zukunft zu rechnen ist. „Nach dem ersten Tankstopp sind wir so schnell wie die BrawnGP", beteuert Felipe Massa.

Williams ist in Monte Carlo immer schnell. Warum das so ist: „35 Jahre Erfahrung", lächelt Patrick Head. Rosberg schafft das einzige echte Überholmanöver des Tages. Er presst sich in der Tabakkurve innen an Massa vorbei, der die Tür für Vettel offenlässt, den er durch Abkürzen der Schikane regelwidrig überholt hat. „Der Fehler ist mir auch schon passiert", kann Rosberg mit Massa mitfühlen." Später verliert er den Platz an Massa wieder. Williams lässt Rosberg im Mittelabschnitt zu lange auf harten Reifen fahren.

Auch McLaren-Mercedes kennt alle Monaco-Tricks, steht am Sonntag nachmittag aber mit leeren Händen da. Das Auto ist konkurrenzfähig. Spritbereinigt fährt Heikki Kovalainen zwischen der 40. und 50. Runde die schnellsten Zeiten. Dann übertreibt er es in der Schwimmbadschikane und wirft einen sechsten Platz weg. Vorjahressieger Lewis Hamilton startet vom letzten Platz, weil er seinen McLaren gleich in der ersten Qualifikationsrunde rückwärts in der Mirabeau-Kurve einparkt. „Vielleicht hat er ein bisschen zu viel vom Sieg geträumt", tadelt sein Chef Martin Whitmarsh.

Noch schlechter ist die Stimmung nur bei BMW und Toyota. Sie stehen ganz hinten, weil die Fahrer ihre Reifen nicht auf Temperatur bringen. Es ist ein Teufelskreis. „Um die Reifen anzuwärmen, müssten sie attackieren, aber sie können nicht attackieren, weil sie kein Vertrauen ins Auto haben", fasst BMW-Technikchef Willy Rampf zusammen. Gleiches Lied bei Toyota. „Keine Ahnung, was schiefgelaufen ist", stöhnt Timo Glock. „Wir haben von links nach rechts und von vorne nach hinten gebaut, und nichts hat funktioniert." BMW-Teamchef Mario Theissen versucht es mit der Logik des Technikers: „In Monaco bist du vom Reifen abhängig. Wenn der nicht arbeitet, stehst du hinten." Im Rennen, mit viel Sprit, klappt es besser. Punkte gibt es trotzdem nicht. Glock ist als Zehnter der Bestplatzierte der Sorgenkinder. Der Hesse feiert einen unbelohnten Rekord. Sein Toyota geht mit 700,8 Kilogramm Gewicht ins Rennen. 95,8 Kilogramm davon sind Sprit. Es ist das schwerste Auto des Rennens.

ALLE FAKTEN ZU DIESEM RENNEN AUF SEITE 193

GROSSER PREIS DER TÜRKEI

Alles auf einen Blick: Trainer Tommi zeigt Vettel 0,2 Sekunden Rückstand auf Button und 13 Sekunden Vorsprung auf Webber an

GROSSER PREIS DER TÜRKEI

Erster Ausfall für Brawn: Barrichello wird mit einem Getriebeschaden in die Box geschoben.
Der Brasilianer überstrapazierte beim Start die Kraftübertragung

Der doppelte Hamilton: Der Weltmeister spiegelt sich in der Glasfront des McLaren-Motorhomes.
Auf dem Spiegelbild ist auch noch Testfahrer de la Rosa zu erkennen

Kleiner Fan: Bei der Startaufstellung zum GP Türkei hat es ein kleines Mädchen bis in die erste Reihe hinter dem Schutzzaun geschafft. Trotz Renault-Hemd ist sie offenbar Vettel-Fan

Anfahrt zum Boxenservice: Nach dem Pleiterennen von Monte Carlo meldet sich Toyota in der Türkei wieder zurück. Trulli wird Vierter, Glock Achter

ISTANBUL

Istanbul zählt neben dem Rennen in Shanghai zu den unpopulärsten Grand Prix des Jahres. Ein Blick auf die Tribünen, und man weiß, warum. Am Renntag verlieren sich 20 000 Besucher in der riesigen Anlage, die für die zehnfache Menge ausgelegt ist. Die Rennstrecke hat diese deprimierende Kulisse nicht verdient. Läge der Kurs im Grünen und nicht in einer baustellengleichen Einöde 40 Kilometer vor den Toren von Istanbul, würde er vielleicht in einem Atemzug mit Spa und Suzuka genannt. Das Auf und Ab, die Kurve 8 mit ihren vier Scheitelpunkten, der Wechsel zwischen schnell und langsam erinnert an Spa. Trotzdem will keiner hin.

Man sieht der Strecke ihre Tücken nicht an. Auslaufzonen bis zum Horizont geben den Fahrern fast absolute Sicherheit. Das erklärt die hohe Zahl an Ausrutschern. Wer zu viel riskiert, landet auf einer fussballplatzgroßen Asphaltfläche. „Die Leitplanken triffst du hier nur, wenn du nach innen abbiegst", juxt Mark Webber. Er hat dieses Kunststück 2008 einmal geschafft.

Das Layout favorisiert Red Bull. Doch der Joker sticht nicht. Das bringt die Chefs von Red Bull ins Grübeln. Christian Horner, Adrian Newey und Helmut Marko stecken ihre Köpfe zusammen. Wie kann es sein, dass die beiden BrawnGP uns trotzdem auf den Fersen sind? Rubens Barrichello fährt die drittschnellste Trainingszeit in seiner dritten Runde mit harten Reifen. Die sind der weichen Mischung wegen der großen Hitze fast ebenbürtig. Bridgestone-Reifenchef Hirohide Hamashima doziert: „Bei 40 Grad Asphalttemperatur verändert die Chemie den Grip. Der weiche Gummi verliert in Relation zum harten. Die Lauffläche wird schwammig, die Seitenführung lässt nach."

Red Bulls Chefstratege rät Sebastian Vettel und Mark Webber zu einer Zweistopptaktik. Im Fall von Vettel wird er wie schon in Monte Carlo von der Teamleitung überstimmt. Sie setzt auf Risiko, in der Hoffnung, dass Jenson Button und Rubens Barrichello unter Druck ein Fehler unterläuft. Bei Button geht die Rechnung nicht auf. Der Engländer fährt wie eine Maschine. Barrichello will das Rennen schon beim Start gewinnen. Im Bestreben, durchdrehende Räder zu vermeiden, lässt er die Drehzahl zu weit absacken. Den Rest kennt er aus Melbourne: Der Computer legt den Leerlauf ein, Rubens deaktiviert den Anti-Stall, drückt den ersten Gang rein, doch das geht in der Hektik nicht so routinemäßig wie sonst. Drehmomentspitzen schädigen das Getriebe. Bis der Brasilianer in Gang kommt, rauschen neun andere Fahrer an ihm vorbei.

Button muss nur zehn Kurven warten, dann legt ihm der Trainingsschnellste Vettel auch noch den roten Teppich aus. Die Windrichtung hat gedreht. Es bläst auf der Gegengeraden von hinten, nicht mehr von vorn. Mit Sprit an Bord muss man Kurve 9 zehn Meter früher anbremsen als sonst. Trotz Warnungen über Funk werfen Vettel und Felipe Massa erst in letzter Sekunde den Anker. Beide verlieren je einen Platz, weil sie ausgangs der Schikane bis auf den Kunstrasen driften.

»Jede Runde, die du mit diesem
Auto fahren darfst, hast du ein Lachen
auf deinem Gesicht. Ich hätte
noch 200 Runden weiter fahren können«

Jenson Button

Während Button an der Spitze seinen Verfolgern die Augen öffnet, wie gut sein BrawnGP wirklich ist, verstrickt sich Red Bull immer tiefer in die falsche Dreistoppstrategie ihres Superstars. „Ich dachte, dass wir nach meinem Fehler auf zwei Stopps umdisponieren", wundert sich der Deutsche. Horner und Marko reden sich heraus: „Wir wollten den Druck auf Button aufrechterhalten. Ein Zurück zu zwei Stopps wäre einer Kapitulation gleichgekommen."

Vettel ahnt bereits in seinem zweiten Turn, dass er nun auch das Rennen gegen seinen Teamkollegen verlieren wird. Mark Webber ist in Hochform. In seinem zweiten Turn fährt er so schnell wie Vettel, obwohl sein Auto im Schnitt rund 20 Kilogramm schwerer ist. Wie Button erlaubt sich auch der Australier keinen einzigen Fehler. Vettel dagegen verliert in der 34. Runde noch einmal 1,2 Sekunden in Kurve 8. Vor 20 Jahren wäre so ein Zeitverlust keinem aufgefallen. Heute kann das in der Gesamtbilanz über 58 Runden über Sieg oder Niederlage entscheiden. Insgeheim hofft der Shanghai-Sieger noch, dass ihm sein Team die Erlaubnis gibt, Webber im Finale anzugreifen. Stattdessen heißt es am Funk: „Webber ist schneller als du. Bring dein Auto ins Ziel." Übersetzt bedeutet das: Lass Webber in Ruhe. Da ist der Teamfrieden wichtiger als zwei Punkte Differenz, die bei der Überlegenheit von Button am Ende sowieso keine Rolle spielen werden.

Als dritte Kraft meldet sich Toyota zurück. Modifikationen am Diffusor, am Heckflügel und an den Seitenkästen haben die rotweißen Autos wieder auf Kurs gebracht. Timo Glock schätzt den Zeitgewinn auf vier Zehntel ein. Keiner pfeilt sich so schnell durch Kurve 8 wie die Toyota-Piloten. „Sie haben auch den extremsten Diffusor", notiert BMW-Technikkoordinator Willy Rampf.

McLaren-Mercedes verschwindet in der Bedeutungslosigkeit. Lewis Hamilton leidet. Keiner will vom Weltmeister etwas wissen. Vorbei die Zeit, in der ihn Autogrammjäger und Fotografen auf Schritt und Tritt verfolgt haben. Die Pressesprecher des Teams bieten seine Wortkonserven wie Sauerbier an. Statements von Lewis? Was will man schon von einem wissen, der nur dank eines Einstopprennens 13. wird?

Katzenjammer auch bei ToroRosso. Seit Technikchef Giorgio Ascanelli Fabrikdienst schiebt, weil er das Konstruktionsbüro für 2010 aufbauen muss, stehen die Fahrer bei der Reifenvorbereitung und dem Abstimmen des Autos im Wald. „Von der technischen Konfiguration her liegen wir nur drei Zehntel hinter Red Bull", bestätigt Teamchef Franz Tost. Doch in Istanbul sind sogar die Force India schneller. ToroRosso spielt nicht nur für Red Bull das Versuchskaninchen. Auch Ferrari nutzt seinen Kunden als Datenbank. Die Motoren, die Buemi und Bourdais im Freitagstraining fuhren, hatten je 2500 Kilometer auf dem Tacho. Ferrari will so herausfinden, wie viel die Triebwerke aushalten.

ALLE FAKTEN ZU DIESEM RENNEN AUF SEITE 194

GROSSER PREIS VON ENGLAND

Siegerpose: Vettel jubelt über seinen dritten GP-Sieg. Er war zu keiner Phase des Rennens gefährdet

GROSSER PREIS VON ENGLAND

Typisch Silverstone: Flaches Land, schnelle Kurven, viele Union Jacks: Massa bläst mit 300 km/h die Hangar-Gerade runter und peilt die Stowe-Kurve an

Sieger und Besiegter: Vettel fährt in Silverstone in einer anderen Liga. BrawnGP-Pilot Barrichello empfand seinen dritten Platz angesichts der Überlegenheit der Red Bull wie einen Sieg

Konstant starke Leistung: Rosberg belegt Platz fünf. Er hätte weiter vorne landen können, wäre er im Mittelabschnitt nicht von Barrichello aufgehalten worden. So kommt Massa (im Hintergrund) noch vorbei

GROSSER PREIS VON ENGLAND

SILVERSTONE

Das ist eine Kampfansage: Pole Position, schnellste Rennrunde, 57 Führungsrunden, ein Sieg mit 15 Sekunden Vorsprung. Sebastian Vettel knöpft dem scheinbar bereits uneinholbar enteilten Jenson Button sechs Punkte ab. Sein runderneuerter Red Bull zeigt in Silverstone eine Überlegenheit, die BrawnGP Angst machen müsste. „Wir wurden unter Wert geschlagen", winkt Ross Brawn ab. „Die Streckencharakteristik und das kühle Wetter waren Gift für unser Auto."

Im Duell zwischen Red Bull und BrawnGP entscheiden oft auch das Reifenangebot und die Temperaturen. Grundsätzlich gilt: Der Red Bull bringt seine Reifen schneller auf Temperatur als die weißen Autos von der Konkurrenz. Das hilft bei den harten Mischungen, die erst bei höheren Asphalttemperaturen zum Leben erwachen. „Bei 25 Grad auf dem Asphalt verlieren wir bis zu 20 Grad in der Reifentemperatur auf die Red Bull", bedauert Ross Brawn. Das Pendel schlägt zur anderen Seite aus, wenn der Belag sich für die weichen Gummitypen zu sehr aufheizt. Siehe Istanbul. Der BrawnGP 001 geht mit seinen Sohlen sorgsamer um. Körnen, Gripverlust und Verschleiß treten später und viel weniger heftig ein als beim Red Bull.

Ein Fragezeichen bleibt. Hat die B-Version des Red Bull RB5 die Defizite des Basismodells kompensiert? „Wir werden es erst wissen, wenn wir auf eine Strecke kommen, die den BrawnGP favorisiert", lächelt Teamchef Christian Horner. Trotz der Siegesserie von Jenson Button merkte man im Lager von Red Bull ziemlich früh in der Saison: Da geht noch was. Es fehlt nicht viel, um Button unter Druck zu setzen. Und vielleicht kommt die Chance nie wieder, als Privatteam um die Weltmeisterschaft zu kämpfen. Wann gibt es das schon, dass alle fünf Werksteams schwächeln? Deshalb fällt Anfang Mai die Entscheidung, den RB5 einer Radikalkur zu unterziehen. Koste es, was es wolle. Es kostet zwei Millionen Euro extra. Peanuts, wenn dabei der Titel rausspringt. „Das hätte BMW im letzten Jahr machen müssen. Wir waren in einer vergleichbaren Situation. Stattdessen hat sich das Team lieber auf 2009 konzentriert", ärgert sich Robert Kubica.

Der neue Red Bull ändert sein Gesicht: Breiter Entenschnabel statt spitze Kampfjet-Nase. Modifizierte Kühlung. Ein Dreifach-Diffusor als Antwort auf die Doppeldecker der Konkurrenz. Ein neuer Heckflügel mit Endplatten, die mit dem Unterboden abschließen und so ein geschlossenes System bilden. Die letzten Teile sind so spät fertig, dass sie erst zwei Stunden vor Trainingsbeginn an das Auto geschraubt werden. „Dann hat das Auto ohne einen Meter zu testen einwandfrei funktioniert", ist Teamberater Helmut Marko stolz.

Mark Webber hätte Vettel gefährlich werden können, doch der Australier bleibt in seiner schnellsten Runde an Kimi Räikkönen hängen. „Hat er Wodka getrunken?" fragt Webber spitz. Er hat sieben Kilogramm weniger Sprit im Tank als Vettel, und Barrichello steht als Prellbock zwischen den Red Bull. Webber überholt den Brasilianer nur durch den späteren Tankstopp. Verbissen meint der ältere der beiden Red-Bull-Piloten: „Sebastian hat den Sieg verdient, aber beim nächsten Mal möchte ich auf seinem Stuhl sitzen."

»Ich hoffe, Silverstone war die Wende. Jenson hatte einen Lauf, den er perfekt für sich genutzt hat. Manchmal reicht ein Ereignis aus, das zu durchbrechen«
Rubens Barrichello

In Silverstone fährt immer auch ein bisschen Formel 1-Geschichte mit. Hier fand am 13. Mai 1950 der erste Grand Prix statt. Hier feierten Ferrari 1951 und Williams 1979 ihre ersten Grand-Prix-Siege. Hier hatte Michael Schumacher 1999 seinen schwersten Unfall. Und hier bringen, welch tragische Ironie, die FIA und die rebellierenden Teams die Formel 1 mit ihrer Engstirnigkeit fast ins Grab.

Jede Rennstrecke hat ihr Kriterium. In Silverstone ist das eine Folge von fünf Kurven, von denen die drei entscheidenden auf die Namen Maggots, Becketts und Chapel hören. Man fährt in den Highspeed-Parcours mit 296 km/h rein und wird mit 229 km/h wieder ausgespuckt. Wer sich mit der Ideallinie vertut, der kann dort locker eine halbe Sekunde verlieren. „Der Film läuft wahnsinnig schnell ab. Zehn Zentimeter neben der Spur in der dritten Kurve, und du musst das nächste Eck zu weit innen anfahren und immer mehr nachlenken. Das Untersteuern wird dadurch immer schlimmer, und dann passt der Ausgang nicht mehr", beschreibt Nelson Piquet den Slalom an der Haftgrenze. Nico Rosberg erzählt: „Die einfachste ist die erste Rechtskurve. Am meis-ten Zeit gewinnst du im langsamsten Eck." Piquet ist überzeugt: „Keiner fährt diese Passage so gut wie Alonso." Der Wind ist immer ein Faktor. Auf dem flachen Land kann ihn nichts aufhalten. Wenn er von der Seite bläst, kann er die Autos aus der Balance bringen. „Das Auto versetzt regelrecht", erzählt Sebastien Bourdais. Könnten die Fahrer wählen, würden sie sich Gegenwind auf der Hangar-Geraden wünschen. „Das hält das Auto in den Becketts-Kurven stabil", erklärt Williams-Technikchef Sam Michael. Am schlimmsten ist Rückenwind auf der Zielgeraden. Das drückt die Autos in der 260 km/h schnellen Copse-Kurve nach außen.

Die Engländer sind die Verlierer des PS-Spektakels. WM-Spitzenreiter Jenson Button betreibt nach einer missglückten Startrunde Schadensbegrenzung. Ein 31 Runden langer Mittelturn auf den harten Reifen bringt ihn noch auf Rang sechs. „Bei mir haben die harten Dinger gar keinen Grip generiert", flucht Stallrivale Barrichello. „Hat man gemerkt", ärgert sich Nico Rosberg. „Wäre ich nicht an Rubens hängengeblieben, hätte mir Massa nicht den vierten Platz weggeschnappt." Lewis Hamilton kämpft am Ende des Feldes. Startplatz 19, Rang 16 im Ziel. So ist noch nie ein Vorjahressieger gedemütigt worden. Die insgesamt 310 000 Zuschauer an drei Tagen halten trotzdem ihre Union Jacks hoch.

Hamilton kann sich nur noch in seine Standardsätze flüchten, wenn er seinen Fans die trostlose Lage erklären will. Der Sport sei ein ständiges Auf und Ab, aber er werde aus dieser Krise gestärkt hervorgehen. Doch so tief steckte der vom Erfolg verwöhnte Engländer noch nie im Sumpf. Dass Hamilton ein Alphatier ist, zeigte sich bei der Pressekonferenz vor seinem Heimspiel. Bei der gemeinsamen Fragestunde mit den englischen Piloten ergriff nicht der angehende Weltmeister Button das erste Wort, sondern der entthronte Titelträger von 2008. Wenn er schon nicht im Auto schneller sein kann, dann wenigstens am Mikrophon.

ALLE FAKTEN ZU DIESEM RENNEN AUF SEITE 195

FORMEL 1-POLITIK

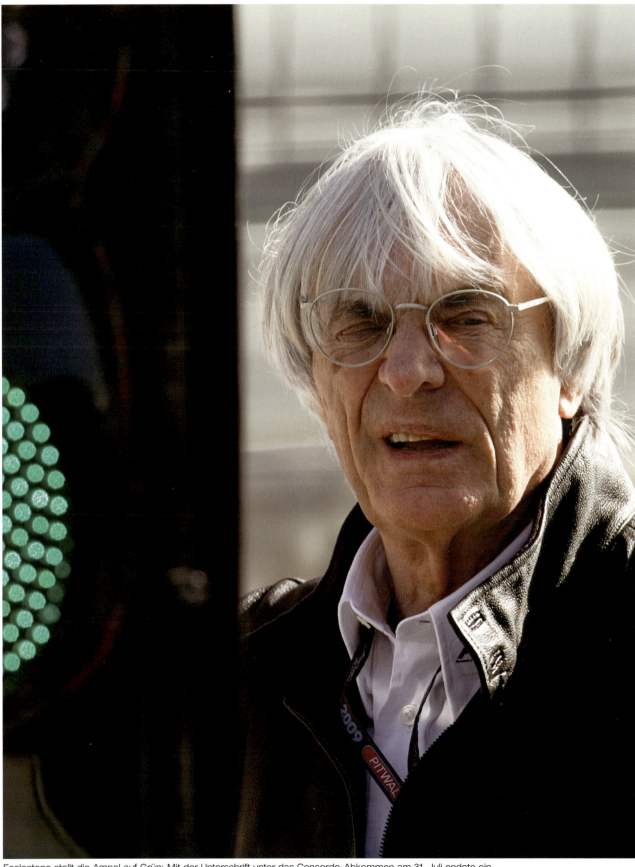

Ecclestone stellt die Ampel auf Grün: Mit der Unterschrift unter das Concorde-Abkommen am 31. Juli endete ein neunmonatiger Streit, der die Formel 1 an den Rand einer Aufspaltung in zwei Serien gebracht hatte

KRIEG UND FRIEDEN

Am 31. Juli war es vollbracht. Nach eineinhalb Jahren Krieg hatten die Streitparteien ihr fünftes Concorde-Abkommen abgesegnet. FIA-Präsident Max Mosley setzte als Letzter seine Unterschrift unter den Vertrag, der bis zum 31. Dezember 2012 läuft. Das Concorde Abkommen ist eine Art Grundgesetz zwischen den Teams, dem Automobilweltverband FIA und den Inhabern der kommerziellen Rechte. Er regelt den Reglementsfindungsprozess, das Procedere bei Streitfällen und die Auszahlung an die Teams aus dem Einnahmentopf der Formula One Administration, kurz FOA, genannt. Im Concorde-Abkommen garantieren die Teams, dass sie bis zum Vertragsende in der Formel 1-WM antreten.

Schon 1973 gab es den ersten Zwist zwischen den Teams und der Sportbehörde, die damals noch CSI hieß. Bernie Ecclestone und Max Mosley forderten im Namen der Teams Startgelder von 250 000 Dollar. Die Veranstalter rebellierten, und die CSI schlug sich auf ihre Seite. Sie drohte, das Feld mit Formel 2- und Formel 5000-Fahrzeugen aufzufüllen, sollten die Rädelsführer einen Streik in Erwägung ziehen.

Das Concorde-Abkommen geht auf das Jahr 1981 zurück. Es war der Friedensvertrag unter einen zwei Jahre lang schwelenden Zwist zwischen den Teams und dem Verband. Ecclestone und Mosley betrieben die Gründung einer eigenen Serie außerhalb des Einflussbereiches der FIA. Die Privatteams wollten sich gegen die mit der FIA verbündeten Automobilhersteller abschotten. Als Antwort auf die überlegenen Turbomotoren der Werke forderten sie aerodynamische Freiheiten, denn auf diesem Gebiet wähnten sich die englischen Garagisten im Vorteil. Ecclestone erinnert sich: „Wir haben der FIA und den Herstellern vorgegaukelt, einen eigenen Grand Prix zu veranstalten. Nur wusste keiner von uns, mit welchem Geld." Der damalige FIA-Präsident Jean-Marie Balestre fiel auf den Bluff herein und akzeptierte einen Kompromiss. Weil das Abkommen am Place de la Concorde mitten in Paris unterzeichnet wurde, lag der Name auf der Hand.

In den letzten 28 Jahren wurde der Vertrag drei Mal (1987, 1992, 1998) ratifiziert, und jedes Mal war es mit Schmerzen verbunden. Die Geburtswehen waren immer die gleichen. Die Teams forderten mehr Geld und größeren Einfluss in Reglementsfragen. Als Bernie Ecclestone die Formel 1 verkaufte, kam eine dritte Macht hinzu. Die kommerziellen Rechte liegen heute bei CVC Capital Partners, einer privaten Beteiligungsgesellschaft. Bernie Ecclestone ist ihr Verhandlungsführer.

Die Lunte für den jüngsten Flächenbrand wurde vor vier Jahren gelegt. Damals träumten die Hersteller von einer eigenen Serie. Um das abzuwehren, musste Ecclestone den Teams für die Zeit nach dem 1998er Abkommen Zugeständnisse machen. Sie sollten nun 50 Prozent von allen Einnahmen bekommen, was die Ausschüttung für jeden einzelnen Rennstall verdoppelte. Doch die Verlängerung des Ende 2007 auslaufenden Concorde-Abkommens verzögerte sich. Diesmal stand die FIA auf der Bremse. Sie profitierte von dem rechtsfreiem Raum, der dadurch entstand. Es gab keinen Paragrafen mehr, der die FIA zwang, die Teams vor einer Regeländerung zu konsultieren. Warum also sich die alten Fesseln neu anlegen? Gerade, als Mosley den Sport reformieren wollte. Ein Sparplan musste her, der den Sport immun gegen Finanzkrisen macht, der neue Teams anlockt, dazu die Rückkehr eines unabhängigen Motorenherstellers. Seit 2000 pendelt die Zahl der Starter zwischen 20 und 22. Es gab in dieser Zeit sechs Übernahmen, fünf Abgänge, mit Toyota und SuperAguri aber nur zwei Neuzugänge. SuperAguri überlebte 39 Rennen. Cosworth sperrte Ende 2006 zu.

FORMEL 1-POLITIK

Rädelsführer: Ferrari-Chef di Montezemolo trat als FOTA-Verhandlungsführer auf. BMW-Rennleiter Theissen zählte zur Gefolgschaft

In die Enge getrieben: FIA-Präsident Mosley und sein Pressemann Woods mussten am Ende einem Kompromiss zustimmen

FOTA-Treffen in Monte Carlo: Briatore gibt die Richtung vor. Mallya (Force India), Horner (Red Bull) und Tost (ToroRosso) hören zu

Die dritte Macht im Staat: Die FOTA-Teamchefs probten den Aufstand gegen Ecclestone und Mosley. Das Foto zeigt eine Sitzung in London

Das Zentrum der Macht: Die FIA reist mit vier Trucks zu den Grand Prix. Doch der Weltverband musste Federn lassen. Die Teams wollten ihn entmachten. Dazu reichte es nicht ganz. Sie haben aber wieder ein Mitspracherecht

Drei Zahlen belegen den Wahnsinn, der die Formel 1 langsam aufzufressen begann. Toyota gab vor zwei Jahren 550 Millionen Euro für eine Saison aus. Honda beschäftigte in Summe 2500 Leute und arbeitete in fünf Windkanälen. Die Wirtschaftskrise verschärfte den Druck auch auf die Autokonzerne. Im November 2008 stieg Honda aus, dann wie zur Bestätigung von Mosleys These im Juli 2009 auch BMW. Sponsoren wie ING, die Royal Bank of Scotland und die Credit Suisse zogen sich zurück. Die Einnahmen aus Bernie Ecclestones Kasse werden bald bröckeln, weil vielen Veranstaltern das Wasser bis zum Hals steht. Der Paddock Club und die Bandenwerbung sind bereits um bis zu 50 Prozent eingebrochen.

Die Teams kämpften gegen die von Mosley geforderte Budgetdeckelung von 45 Millionen Euro pro Jahr an, als stünde die Pest vor den Toren des Fahrerlagers. Sparen ja, aber bitte nach eigenen Regeln. Ihr Modell favorisiert beschränkte Ressourcen. Sie gründeten eine Interessensgemeinschaft mit dem Namen FOTA. „Um uns vor der Willkür der FIA zu schützen", bellt Flavio Briatore. Das Feindbild Mosley schweißte die Teams erstmals zu einer Einheit zusammen. Und damit wurden sie für die alte Seilschaft Mosley-Ecclestone gefährlich. Diesmal funktionierte Mosleys Schocktherapie nicht. „Max kann mit uns nicht immer die gleichen Spielchen machen. Diesmal ist er zu weit über das Ziel hinausgeschossen", sagt Ross Brawn. Ein Streit um die Sache eskalierte in einen Krieg um Machtpositionen. Max Mosley gegen Ferrari-Chef Luca di Montezemolo, den Wortführer der FOTA. Im Hintergrund agierte Briatore als Brandstifter. „Flavio träumte schon von meinem Job", spottete Bernie Ecclestone.

Die FOTA hielt in dem Poker zwei wichtige Trümpfe in der Hand: die Teams und die Fahrer. Der FIA gehörte nur der Name Formel 1. Die acht in der FOTA organisierten Teams drohten mit einer Konkurrenzserie, die FIA mit einer Klage gegen die Dissidenten. Die FIA nutzte die Einschreibefrist als Druckmittel. Williams und Force India sagten sich vom FOTA-Kurs los. Beide haben wie Ferrari, Red Bull und ToroRosso individuelle Verträge mit Ecclestone bis 2012. „Diese Verträge sind wasserdicht. Bernie hat seine Verpflichtungen zu 100 Prozent eingehalten", erklärte Williams-Geschäftsführer Adam Parr.

Für CVC ging es um Alles oder Nichts. Sie haben Ende 2005 die Formel 1 für 1,3 Milliarden Dollar gekauft, sich den Großteil der Summe aber von der Royal Bank of Scotland finanzieren lassen. Weil das Geschäft unerwartet hohe Gewinne abwarf, nahm CVC zwei Jahre später eine weitere milliardenschwere Hypothek auf die Aktie auf. Die Schulden von insgesamt über drei Milliarden Dollar wurden auf dem Finanzmarkt weiterverkauft, so dass die Formel 1 heute einer Handvoll von Investmentfirmen gehört. CVC steht unter dem Druck regelmäßiger Zahlungen, die aber nur dann fließen können, wenn der Sport gesund ist. Ohne die Bestandsgarantie ist die Formel 1 ein wertloses Markenzeichen.

In dieser ausweglosen Lage bat Ecclestone seinen alten Streitgefährten Mosley um einen letzten Gefallen. Es musste Friede her, egal wie. Mosley opferte sein Präsidentenamt gegen das Versprechen, dass die FIA weiter die „Regierung" bleibt. Jean Todt soll ihm folgen. Der Franzose funkt auf der gleichen Wellenlänge. Mosley gestand den Teams ihren Sparplan zu, wenn die sich untereinander in einem Finanzvertrag auf klare Regeln zur Kostenreduzierung verständigen. Williams spielt dabei Mosleys verlängerten Arm. Der englische Rennstall passte bei der Abfassung des Kostenreduzierungsplanes genau auf, dass die großen Teams nicht Schlupflöcher einbauen, um den Sparplan in wirtschaftlich besseren Zeiten wieder aufzuweichen. Gegen den Willen der Autokonzerne beharrte Williams bei Änderungen an dem Finanzvertrag auf einem einstimmigen Votum. Auch bei der Verteilung des Geldes haben die Privatteams ihren Willen durchgesetzt. Kleine Teams werden zu Lasten der Großen prozentual besser gestellt.

GROSSER PREIS VON DEUTSCHLAND

Endlich ganz oben: Webber gewinnt im 130. Anlauf seinen ersten Grand Prix. Keiner musste so lange warten wie der Australier

GROSSER PREIS VON DEUTSCHLAND

Aufschwung im neunten Rennen: Neue Dämpfer, eine flachere Motorabdeckung und ein modifizierter Frontflügel beflügeln Renault. Alonso lässt mit den fünf schnellsten Rennrunden aufhorchen

Duell im Mittelfeld: Trulli und Piquet spielen am Nürburgring keine Rolle. Trulli muss nach einem Gerangel beim Start den Frontflügel tauschen lassen. Piquet bleibt im Verkehr stecken

Rushhour in der ersten Kurve: Barrichello und Webber führen das Feld an. Dahinter klemmt sich Kovalainen als Dritter. Hamilton steht mit einem Reifenschaden schon quer

Fahrstunde für den Weltmeister: Button erklärt Hamilton, wie schwer sein BrawnGP zu fahren ist. Der WM-Spitzenreiter hadert erneut mit zu niedrigen Reifentemperaturen

Dritter dank Taktik: Im Training ist Massa nur Achter. Doch dann bringt ihn ein guter Start und ein langer erster Turn bis auf einen Podestplatz nach vorn. Es ist der erste für den Vize-Weltmeister von 2008

Die Sensation vom Ring: Force India wäre fast das Motorhome gepfändet worden, doch Sutil ärgert das Establishment. Nur eine Kollision mit Räikkönen verhindert WM-Punkte

Leere Kilometer: BMW kommt einfach nicht auf die Füße. Frontflügel und Diffusor werden im Akkord modifiziert, doch Heidfeld und Kubica (Bild) hängen im hinteren Mittelfeld fest

Hartes Los einer Nummer zwei: Vom neuen Aerodynamikpaket gibt es nur einen Satz. Den bekommt Hamilton. Kovalainen erkämpft mit der alten Version einen WM-Punkt

GROSSER PREIS VON DEUTSCHLAND

NÜRBURGRING

Mark Webber, endlich Webber. Wie es ist, wenn einer nach 130 Anläufen seinen ersten Grand Prix gewinnt, ist live am Boxenfunk zu hören. Webber schreit das Wort „yes" so laut in das eingebaute Helmmikrofon, dass man es auch ohne die TV-Übertragung im 15 000 Kilometer weit entfernten Australien gehört hätte. Am nächsten Tag erreicht ihn eine E-Mail des Mannes, den er verehrt. Jack Brabham, dreifacher Weltmeister, schwerhörig, halb blind und ziemlich gebrechlich, schickt Glückwünsche von Down Under. „Jack ist mein Idol", gibt der lange Webber zu. „Er hat den Virus Motorsport in unsere Familie gebracht. Mein Vater bewunderte ihn."
Nur 13 Australier haben es seit 1950 in die Formel 1 geschafft. Webber ist jetzt einer von drei (Brabham, Jones), die gewonnen, und einer von vier (Brabham, Jones, Schenken), die sich mit WM-Punkten in der ewigen Bestenliste verewigt haben. Am Nürburgring überzeugt er auch die letzten Zweifler. Trotz Durchfahrtsstrafe gewinnt er überlegen. Der zweite Turn, als er Tempo machen muss, ist eine Demonstration. Teamkollege Sebastian Vettel verliert in diesem Abschnitt fast fünf Sekunden auf den Australier.
Webber gewinnt das Rennen schon im Training. Die Pole Position ist die Garantie dafür, im Rennen freie Bahn zu haben. Der zweite Red-Bull-Pilot steht nur auf Platz vier, und er hat eine ganze Armada von KERS-Autos im Genick. 700 Meter vor der Ziellinie liegt Vettel noch gleichauf mit Webber. Ein Fehler in der letzten Kurve wirft ihn um 0,25 Sekunden zurück. Die Qualifikation ist wegen des launischen Eifelwetters ein Knüller. Im Mittelabschnitt wechselt die Fahrbahn von trocken auf halbnass auf trocken und wieder halbnass. Das rückt die Reifenwahl zum richtigen Zeitpunkt in den Vordergrund. Barrichello überstimmt sein Team, als er in einer Regenpause als erster im Feld um Trockenreifen bettelt. „Wir ließen Rubens seinen Willen. Er liegt da oft richtig", gibt Ross Brawn zu.
Nico Rosberg fliegt zum ersten Mal aus dem Top-Ten-Finale, weil der Williams auf feuchter Piste nicht in Schwung kommt. Im Rennen wühlt er sich von Startplatz 15 auf Rang vier nach vorne. „Ich überhole sechs Autos in den ersten sechs Kurven." Fernando Alonso riskiert mit Slicks im Nassen zu viel und rutscht in der NGK-Schikane von der Bahn. Dazu noch ein miserabler Start mit den harten Reifen, und schon steckt er mitten im Verkehr. Webber ist überrascht, dass er es überhaupt eine K.-o.-Runde weiter schafft. „Meine schnellste Runde fühlte sich an wie Platz 18. Ich war überall halb neben der Strecke."
Die BrawnGP erkaufen sich gute Startplätze mit wenig Benzin. Sie leiden unter den kühlen Bedingungen. Bei 20 Grad auf dem Asphalt müssen Jenson Button und Rubens Barrichello Schlangenlinien auf der Geraden fahren, damit die in den Kurven erwärmten Reifen nicht wieder auskühlen. „Wir brauchen Asphalttemperaturen über 25 Grad. Erst dann sind wir mit den Vorderreifen im grünen Bereich", stöhnt Ross Brawn. Bei BMW verpufft die dritte große Ausbaustufe des F1.09 aus dem gleichen Grund. McLaren-Mercedes und

»Ich wollte Massa beim Start abblocken, kam aber gar nicht dazu. Das Rennen war kaum losgegangen, da flogen die KERS-Autos links und rechts an mir vorbei«

Sebastian Vettel

Renault dagegen melden sich zurück. Beide entwickeln so auf der letzten Rille, dass für den Nürburgring jeweils nur ein Kit des Facelifts fertig wird. Und das ist für die Teamkapitäne Lewis Hamilton und Fernando Alonso reserviert. Renault stellt auf hydraulische Dämpfer um. Das Auto liegt jetzt drei Millimeter tiefer. Drei Milimeter weniger Bodenfreiheit sind ein Quantensprung in Bezug auf den Abtrieb. Alonso fährt im Schlussspurt fünf Mal in Folge die schnellste Rennrunde.

Bei McLaren bringt der neue Frontflügel den Durchbruch. Er lenkt die Turbulenzen außen an den Vorderrädern vorbei. Damit kann der Diffusor „saubere Luft" atmen. Heikki Kovalainen macht kein glückliches Gesicht. Er muss mangels Teilen noch das Vorgängermodell fahren. „Ich sehe aus wie ein Idiot", flucht der Finne, „weil nur die Insider wissen, wie groß der Unterschied zwischen den beiden Versionen ist." Hamilton schießt beim Start dank KERS in Führung, doch noch vor dem Bremspunkt für die erste Kurve ist der Traum von der Sensation vorbei. Webber schlitzt dem McLaren-Fahrer den rechten Hinterreifen auf.

Der Nürburgring bestätigt den Eindruck von Silverstone. Red Bull ist die neue Macht im Feld. Wann hat es das in dieser Saison schon einmal gegeben, dass sich die BrawnGP-Fahrer Lotteriebedingungen wünschen. „Ein bisschen Regen könnte uns helfen", grinst Button. Das Gebet wird nicht erhört. Nach dem Rennen muss Ross Brawn den Psychologen spielen. Rubens Barrichello beschimpft das Team: „Ihr habt mir den Sieg gestohlen. Die Erklärungen könnt ihr euch sparen. Es ist wahrscheinlich wieder nur das übliche Blabla." Nach dem Datenstudium beruhigt sich der Brasilianer. Nicht die fünf Sekunden, die er beim zweiten Tankstopp wegen eines klemmenden Tankventils verliert, sind schuld, sondern er selbst. Wie in Barcelona baut er ab dem zweiten Turn ab. „Er steht unter Druck, weil wir ihm noch keinen Vertrag für 2010 geben können", erklärt Brawn den Wutausbruch seiner Mimose.

Der älteste Pilot im Feld kann von Glück reden, dass er nach 21 Führungsrunden überhaupt noch Punkte macht. Wie in Monaco 2008 kommt es zu einer Kollision zwischen Adrian Sutil und Kimi Räikkönen, und wieder kostet es den Deutschen WM-Punkte. Diesmal einigen sich beide auf die Formel: „Ein normaler Rennunfall." Force India ist die Sensation der letzten Rennen. Sutil steht in der Startaufstellung vor Ferrari, BMW und Renault und hat dabei das meiste Benzin an Bord. Dem Team drohte zwei Tage lang ein Startverbot, weil Lieferanten ausstehende Rechnungen einforderten. Trotz knapper Mittel entwickelt Force India den Doppeldiffusor besser und schneller als die Bel Etage der Formel 1. Mit einem Viertel des Geldes und einem Drittel des Personals. „Je kleiner die Truppe, desto mehr bist du gezwungen, dich auf das Wesentliche zu konzentrieren", erklärt Technikchef James Key. „Wir haben drei Wochen lang nur am Diffusor gearbeitet. Die großen Teams lassen viele Programme parallel laufen und verzetteln sich dabei."

ALLE FAKTEN ZU DIESEM RENNEN AUF SEITE 196

GROSSER PREIS VON UNGARN

Historischer Sieg: Lewis Hamiltons Comeback ist gleichzeitig der erste Triumph mit einem Auto mit Hybrid-Technik

GROSSER PREIS VON UNGARN

Viele Autos auf wenig Raum: Hamilton hat Webber beim Start schon überholt, doch der Red Bull kontert auf der Geraden vor Kurve zwei. Dahinter hat Räikkönen sich gegen Vettel durchgeboxt

Zeugen eines bizarren Unfalls. Massa rast frontal in einen Reifenstapel, nachdem ihn eine herumfliegende Feder k. o. schlägt. Die Nase des Ferrari F60 bleibt bei dem Aufprall mit 100 km/h praktisch intakt

Ferrari jubelt wieder. Nur 25 000 Zuschauer wollen den GP Ungarn sehen. Die meisten sind Ferrari-Fans.
Sie feiern den zweiten Platz von Kimi Räikkönen. Es ist erst der dritte Podestplatz 2009 für Ferrari

Fertig zum Start: Alonso startet in Budapest zum 18. Mal in seiner Karriere von der Pole Position.
Er hatte allerdings 17,5 Kilogramm weniger Benzin im Tank als der Zweitplatzierte Vettel

GROSSER PREIS VON UNGARN

Letzter Auftritt: Piquet senior gibt Piquet junior Anweisungen für seinen letzten Grand Prix für Renault. Der Brasilianer kann seine letzte Chance nicht nutzen. Er kommt nur als Zwölfter ins Ziel

Ende einer Dienstfahrt: In der 30. Runde schieben die Mechaniker Vettels Red Bull in die Garage. Der Deutsche muss mit einem Aufhängungsdefekt links vorne aufgeben

Ferrari im Wechselbad der Gefühle: Am Samstag hat Felipe Massa einen schweren Unfall.
Im Rennen markiert Kimi Räikkönen als Zweiter das bis dahin beste Saisonresultat

BUDAPEST

Zu viel Ruhe kann trügerisch sein. Seit Robert Kubicas Horrorcrash in Montreal 2007 blieb die Formel 1 von Unfallnachrichten verschont. Bis zum Abschlusstraining zum GP Ungarn. Da passiert etwas, das kein Regisseur inszenieren kann. Der BrawnGP von Rubens Barrichello verliert eine Schraubenfeder des dritten Dämpferelements. Das spricht nur ab einer bestimmten Geschwindigkeit an und reguliert die Bodenfreiheit. Auf bestimmten Strecken ist es mit dem Massenträgheitsdämpfer kombiniert, doch auf den verzichtet BrawnGP in Ungarn. Die Schläge in einer Senke zwischen den Kurven drei und vier sind so stark, dass Öl aus dem Dämpfer austritt. Als er auf Block geht, löst sich der Sicherungsbolzen von der Kurbelstange, die Feder und Dämpfer in Position hält. Besagte Feder, 800 Gramm schwer, 20 Zentimeter lang und dick wie eine Cola-Dose, hüpft nun wie in einem Comic die Ideallinie entlang. Doch hier gibt es nichts zu lachen. Vier Sekunden später gabelt Massa das Teil mit 240 km/h auf. Die Feder trifft den Helm des Brasilianers links oberhalb des Visierausschnitts und schlägt eine massive Delle in den Kopfschutz. Massa ist sofort bewusstlos. Er steht auf Gas und Bremse gleichzeitig und schlägt mit 100 km/h frontal in den Reifenstapel ausgangs Kurve vier ein.

Es vergehen bange Minuten, bis endlich die Meldung kommt, dass er am Leben ist. Das linke Auge ist zugeschwollen, der Schädelknochen eingedrückt. Die Ärzte diagnostizieren eine Gehirnprellung. Hirnverletzungen sind tückisch. 1975 war Mark Donohue nach einem Unfall am Österreichring im Fahrerlager noch ansprechbar. Drei Tage später starb der Amerikaner an Verletzungen des Gehirnstammes. Massa kann die AEK-Klinik von Budapest acht Tage nach seinem Unfall wieder verlassen.

Nach der Schreckensszene folgt am Ende des Trainings der humoristische Teil. Die Zeitnahme, die schon das ganze Wochenende verrückt spielt, fällt komplett aus. Die Induktionsschleife auf der Zielgeraden ist defekt. Keiner weiß, wer Trainingsschnellster ist. Die Piloten fragen sich im Parc Fermé gegenseitig aus. Fernando Alonso grinst: „Das Team hat mir gesagt: Wir wissen nicht, wo du gelandet bist. Da habe ich meine Kollegen nach ihrer Rundenzeit gefragt, aber es war keiner dabei, der etwas Besseres zu bieten hatte."

BrawnGP lässt in der Nacht zum Sonntag brandneue Dämpferelemente nach Budapest fliegen. Sie werden mit einer Sondergenehmigung der FIA-Kommissare eingebaut. Um auf Nummer sicher zu gehen, wird die Feder zusätzlich arretiert. Im Rennen gibt es keine Klagen. Aber die Episode hat das Team, das keine Antwort auf die Frage findet, warum die weichen Reifen extrem körnen und die harten wieder um 20 Grad zu kalt sind, zusätzlich verwirrt. Jenson Buttons Taktik, mit viel Benzin zu starten und am Ende des ersten Turns alle zu überholen, versagt, weil er zu langsam ist. Nur wenn die Asphalttemperatur über 40 Grad klettert, fährt er brauchbare Zeiten. Doch meistens verhindern Wolken eine längere Sonneneinstrahlung. Zwei WM-Punkte, und ein ratloser Ross Brawn: „Wir haben jetzt vier Wochen Zeit, eine Antwort zu finden."

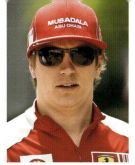

»Ich soll beim Start Hamilton und Vettel berührt haben? Daran kann ich mich gar nicht erinnern. Auf den ersten Metern geht es immer ziemlich eng zu«

Kimi Räikkönen

Die BMW-Leute kämpfen mit ihrem Frust. Nick Heidfeld hatte den Speed, in die Top Ten zu fahren, doch er ist nach der ersten K.-o.-Runde bereits Zuschauer. Kubica dito. Kleinigkeiten spielen Schicksal. Eine gelbe Flagge zur falschen Zeit. Oder Kazuki Nakajima, der in der entscheidenden Runde etwas zu dicht vor dem BMW herfährt. „Ich spürte, dass sich mein Auto etwas anders als üblich benahm. Um den Turbulenzen auszuweichen, bin ich die Kurve 11 anders angefahren. Deshalb treffe ich den Randstein und komme von der Strecke ab", erzählt Heidfeld. Drei Tage nach dem GP Ungarn platzt in München die Bombe: BMW verabschiedet sich aus der Formel 1.

Der Hungaroring markiert die Rückkehr des Establishments. Lewis Hamilton gewinnt vor Kimi Räikkönen. Vor einem Jahr wäre das keine Schlagzeile gewesen. Diesmal schon. Nur zwei Rennen zuvor war der Weltmeister überrundet worden. Das Team nahm die orange leuchtenden Sieger-T-Shirts nur noch aus Routine mit. Doch dann bringt ein Facelift mit einem neuen Frontflügel für McLaren-Mercedes den Durchbruch. Jetzt, wo die Silberpfeile wieder in Schwung gekommen sind, werden die 82 PS von KERS zu einer strategischen Waffe. Gleiches gilt für Ferrari, die ihren Hybridantrieb um vier Kilogramm abgespeckt haben. Wer in den ersten vier Startreihen steht, gewinnt auf dem Spurt in die erste Kurve je nach Länge des Anlaufs zwischen zwei und vier Positionen. „Kriminell", schimpft Sebastian Vettel darüber, wie ihn die KERS-Autos von hinten aufschnupfen. Und schon scherzt er wieder: „Ich habe auch Knöpfe am Lenkrad, aber da kommt nichts." Hamilton dominiert den GP Ungarn so klar, dass sich der Kommandostand schon Sorgen macht, ihre Nummer eins könnte im Cockpit einschlafen. Ferrari ist nicht in der Lage, Hamilton zu beunruhigen. Ein Riss im Auspuff kostet Rundenzeit. Außerdem entwickelt Ferrari im Vergleich zu McLaren nur noch auf Schmalspur. Das 2010er Auto hat Priorität. Räikkönen bekommt am Hungaroring den neuen Frontflügel, der am Nürburgring für Massa reserviert war. Wer daraus eine klare Rollenverteilung ableitet, hört von Ferrari: „Dafür hat Kimi in Ungarn den neuen Unterboden zuerst am Auto gehabt."

Die Pole Position von Fernando Alonso spiegelt nicht den wahren Leistungsstand des Renault R29 wider. „Das Auto hat Fortschritte gemacht", räumt Alonso ein, „doch den Sprung auf Platz eins haben wir nur mit einer aggressiven Strategie geschafft." Der Renault ist am Start 17,5 Kilogramm leichter als Vettels Red Bull. „Wenn wir von Platz acht losfahren, haben wir noch weniger Chancen auf Punkte", verteidigt Alonso seine Taktik. Ein Schaden an der elektrischen Benzinpumpe vereitelt den Plan. Alonso kann vorne nicht wie geplant davonstürmen. Dann schlampt sein Team auch noch beim Boxenstopp. Das rechte Vorderrad löst sich, weil der Mechaniker nicht mehr dazu kommt, den Sicherungsstift zu ziehen. Die Ingenieure warnen Alonso zu spät. Die FIA kennt keinen Pardon und droht Renault ein Rennen Sperre an.

ALLE FAKTEN ZU DIESEM RENNEN AUF SEITE 197

TOP FOTOS

Fertigmachen zu 61 Runden Singapur: Hamilton beherrschte das Nachtrennen in der Stadt vom Start bis ins Ziel. Sein McLaren-Mercedes war für den Stop-and-Go-Kurs wie geschaffen. KERS steuerte 82 PS extra bei

TOP FOTOS

106

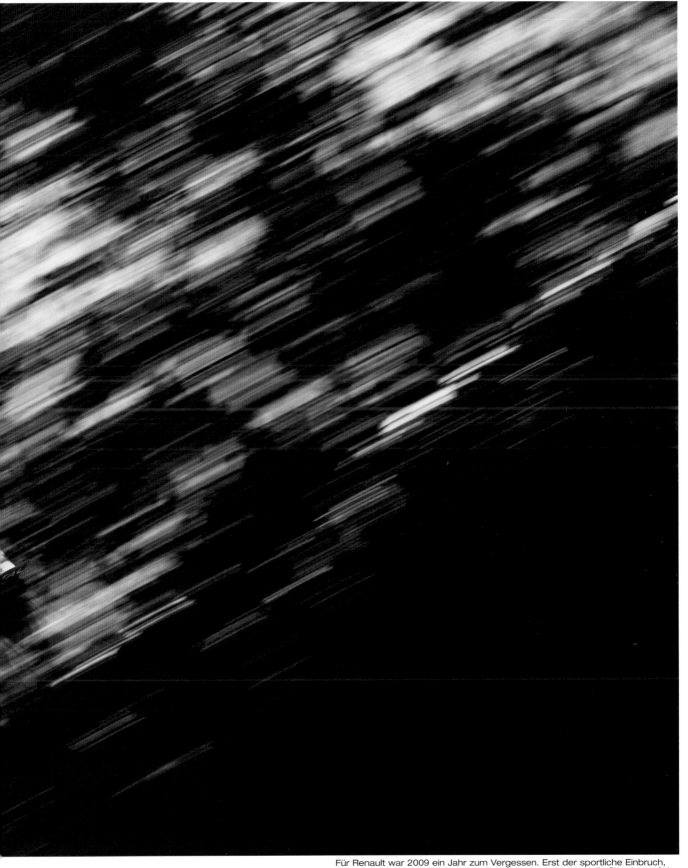

Für Renault war 2009 ein Jahr zum Vergessen. Erst der sportliche Einbruch, dann das Nachspiel des Singapur-Skandals. Ausgerechnet die Strecke, auf der man 2008 illegal gewann, brachte mit Alonsos drittem Platz einen Lichtblick

TOP FOTOS

108

Suzuka ist eine Achterbahn im wahren Sinne des Wortes. Nirgendwo sonst kreuzen sich die Fahrbahnen. Räikkönen nimmt mit seinem Ferrari die Unterführung. Oben drüber verläuft die Anfahrt zur 130R-Kurve

TOP FOTOS

Webber überholt Rosberg in der Mirabeau-Kurve von Monaco. Beide hatten ihr bestes Formel 1-Jahr. Red-Bull-Pilot Webber gewann seinen ersten Grand Prix, Rosberg holte mehr WM-Punkte als je zuvor

TOP FOTOS

Der neue Weltmeister heißt Jenson Button. Er schaffte es im zehnten Jahr und bei seinem 169. GP-Start. Button wechselte mehrmals das Helmdesign. In Silverstone fuhr er mit der Aufschrift: „Push the button"

TOP FOTOS

Immer an der Wand lang: Die Red Bull zeigten in Singapur Siegerqualitäten, scheiterten aber an sich selbst. Vettel bekam wegen Übertretens des Tempolimits in der Box eine Strafe, Webber crashte wegen defekter Bremsen

GROSSER PREIS VON EUROPA

Großer Schluck: Formel 1-Oldie Barrichello feiert seinen zehnten GP-Sieg. Der letzte 2004 in China liegt fünf Jahre zurück

Hafenatmosphäre: Vor der Kulisse alter Markthallen gehen die McLaren-Mercedes aus der ersten Startreihe ins Rennen. Auf Platz drei lauert der spätere Sieger Barrichello

Schwarzes Wochenende für Vettel: Zwei Motorschäden stoppen den Red Bull-Piloten. Der am Samstag unterbricht das Training zur Beseitigung einer riesigen Ölspur für eine halbe Stunde

Ratlos: Massa-Ersatz Badoer kommt auf keinen grünen Zweig. Auch Renningenieur Smedley und Badoer-Kumpel Schumacher können den 38-jährigen Italiener nicht schneller machen

Rosberg ist eine feste Bank: Der Williams-Pilot fährt in Valencia zum siebten Mal in Folge in die Punkteränge und wird im Windschatten von Kovalainen Fünfter

GROSSER PREIS VON EUROPA

Spanisches Monaco: Die Brücke über die Hafeneinfahrt ist das Erkennungszeichen des 5,419 Kilometer langen Kurses. Auf der folgenden Geraden an Yachten vorbei erreichen die Autos bis zu 313 km/h

Wiedergutmachung: Im letzten Jahr schied Alonso in der ersten Runde aus. Diesmal schafft es der spanische Nationalheld bis ins Ziel. Alonso wird trotz Bremsproblemen im Training Sechster

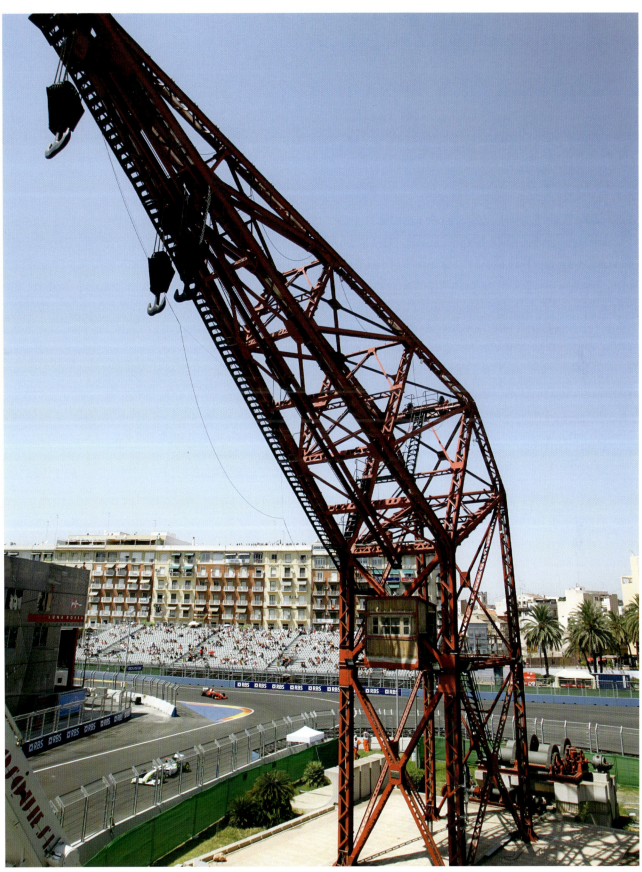

Herber Charme: Nicht überall auf der Strecke blitzt Monaco-Feeling durch. Es geht auch an Ladekränen und schmucklosen Hangars vorbei. Am ersten Trainingstag kommen nur 28 000 Zuschauer

VALENCIA

Es sind keine Bedingungen für alte Herren. 32 Grad, eine drückende Schwüle, 57 Mal 25 Kurven, eingerahmt von Betonmauern. Der GP Europa in Valencia ist eine Tortur. Man sieht es den Gesichtern an. Das des 37-jährigen Rubens Barrichello sieht im Ziel doppelt so alt aus. Sein Overall ist durchgeschwitzt, als hätte man ihn durch das nahe Hafenbecken gezogen. Mit seinem breiten Gesicht, der gedrungenen Gestalt und den schütteren Haaren erinnert er an Denis Hulme, den Weltmeister von 1967. Wenn Rubens Barrichello gewonnen hat, dann heult, jubelt und und feiert er wie kein Zweiter. Der letzte seiner zehn Siege, 2004 in Shanghai, liegt bereits 85 Grand Prix zurück. Wie oft hat man ihn schon in die Rente geschrieben, und immer wieder kam er zurück. Nach seiner Triumphfahrt in Valencia traut er sich zu sagen: „Ich bin auf dem Höhepunkt meiner Karriere." Barrichello ist der Mann des Rennens. Er hat die meiste Zeit mehr Sprit an Bord als die KERS-bewaffneten McLaren-Mercedes und ist trotzdem gleich schnell. Er setzt seine Gegner mit konstant schnellen Runden so unter Druck, dass denen ein Fehler unterläuft. Der BrawnGP-Pilot soll erst in Runde 43 zum Tanken kommen, Lewis Hamilton bereits in Runde 37 oder 38, je nachdem wie viel Benzin er spart. Weil McLaren seinem Fahrer erst in letzter Sekunde den Befehl gibt, vor dem zweiten Tankstopp noch eine Runde dranzuhängen, der aber schon in die Boxengasse abgebogen ist, kommt es beim Service zur Konfusion. Dort liegen Reifen für Heikki Kovalainen bereit. Als die für Hamilton herangerollt werden, sind auch noch zwei falsche Reifentypen dabei. Fünf Sekunden gehen flöten. Zu viel, wenn jede Runde um Zehntelsekunden gekämpft wird.

Die Angst vor den KERS-Autos wird den Titelkandidaten von BrawnGP und Red Bull insofern genommen, als die McLaren-Mercedes diesmal am Start bereits in der ersten Reihe standen. Barrichello, Button, Vettel und Webber müssen auf der Anfahrt in die erste Kurve nicht ständig in den Rückspiegel schauen. Es ist schwierig, die richtige Taktik gegen die Störenfriede mit ihren 82 PS extra zu finden. Ross Brawn hat sie. „Wenn sie sowieso den Start gewinnen, können wir sie nur über einen späteren Boxenstopp und einen geringeren Reifenverschleiß kriegen", entschied Ross Brawn. Richtig gepokert.

Barrichello ist der falsche Sieger. Jenson Button hätte mit einer großen Punkteausbeute eine Vorentscheidung im Kampf um die WM herbeiführen können, doch er macht nur zwei Zähler auf die Red-Bull-Fahrer gut. Verliert dafür acht auf den Teamkollegen. „Auf Rubens muss ich jetzt wieder aufpassen", ärgert sich der Engländer. Beim Start blockiert Sebastian Vettel die Innenspur, auf der Button durchstechen will. „Ich muss vom Gas, und schon sind vier andere Autos vorbei", giftet Button Richtung Vettel. Der antwortet cool: „Fahren wir ein Rennen hier? Wenn kein Platz ist, muss er halt bremsen."

Für Vettel ist Valencia eine Nullnummer. „Ein vierter, mit Glück vielleicht ein dritter Platz hätte es werden können. Dann hätte ich wenigstens Punkte auf Button und Webber gut gemacht", grübelt der Deutsche nach

»Manchmal muss man einen Schritt zurückgehen, wenn man einen Schritt nach vorne machen will. Wir haben auf die alte Fahrwerksabstimmung zurückgerüstet«
Rubens Barrichello

dem Rennen. Zuerst wirft eine Panne beim Tankstopp Vettel von Platz fünf auf 15 zurück. Wegen zu hohem Gasdruck stoppt die Zapfstelle nach sechs Litern den Zufluss. Ein Motorplatzer beendet die Vettel-Show. Die Vorgeschichte ist abenteuerlich. Beim Motortausch vor der Qualifikation fällt ein Dichtungsring in einen Zylinder. Das rächt sich 249 Kilometer später. Auch Mark Webber kommt auf keinen grünen Zweig. Er verliert im Finale zwei Punkte durch einen lausigen Boxenstopp. „In der Runde vor dem Stopp blockiert ihn Kovalainen, die Runde danach hat Mark geschlafen. Da nimmt ihm Button 1,5 Sekunden ab", moniert Teamchef Christian Horner. Webber: „Ich habe heute keine WM-Punkte verdient."

Michael Schumacher ist auch da. Aber nur in Zivil. Er spielt das Kindermädchen für seinen Ersatz Luca Badoer. Das große Comeback, es erweist sich nach 13 Tagen Hype als große Luftblase. Die Stabilität des Nackens ist nur zu 30 Prozent auf dem Stand, der nötig wäre, um ein Formel 1-Rennen zu fahren. Die Kollegen hätten sich gerne mit dem Rekordsieger gemessen. Eine Legende zu besiegen, das hat schon etwas. Button vergleicht die Hysterie um Schumacher mit dem Comeback von Lance Armstrong bei der Tour de France: „Ich habe mir jede Etappe angeschaut, nur weil Lance am Start war." Robert Kubica wundert sich: „Wieso fährt Schumacher Kart? Da kannst du dir auch den Hals brechen. Außerdem war er für ein KERS-Auto acht Kilo zu schwer. Er hätte noch ganz schön abspecken müssen."

Massa-Ersatz Luca Badoer fuhr zuletzt in einer Zeit Formel 1-Rennen, da 17 seiner 19 Kollegen noch gar nicht aktiv waren. Nur seine italienischen Landsleute Jarno Trulli und Giancarlo Fisichella standen am Start, als er am 31. Oktober 1999 seinen letzten Grand Prix bestritten hatte. Man merkt es dem 38-jährigen Italiener an, dass ihm die Rennpraxis fehlt. Er ist vom ersten bis zum letzten Tag Letzter. Niki Lauda wird für seine Behauptung, dass man statt Badoer auch ihn hätte ins Auto setzen können, zu Teamchef Stefano Domenicali zitiert. Nach dem Trainingsergebnis gehen Domenicali die Argumente aus. Dem Aushilfspiloten fehlen 1,5 Sekunden auf den Vorletzten. Bei Vergleichen mit dem wesentlich besser disponierten Renault-Neuling Romain Grosjean wiegelt Ferrari ab: „Der kennt die Strecke, und außerdem ist er zuletzt in der GP2 regelmäßig Rennen gefahren." Badoer stört die Kritik nicht: „Mein Ziel war, ins Ziel zu kommen."

Fernando Alonso hätte bei seinem Heimrennen eine Rolle spielen können, hätte in der Qualifikation nicht rechts vorne die Bremse blockiert. Der Spanier verstellt in der Not die Bremsbalance nach hinten, was den Hinterreifen den Garaus machte. „Das hat Fernando sechs Zehntel gekostet. Er wäre sonst auf der Pole Position gestanden", brüstet sich Flavio Briatore. Renault verwirft den Plan, seinen Starpiloten wie in Ungarn mit Sprit für eine Dreistoppstrategie auf die Reise zu schicken. Das macht nur aus der ersten Startreihe Sinn, und die war mit den Bremsproblemen illusorisch.

ALLE FAKTEN ZU DIESEM RENNEN AUF SEITE 198

GROSSER PREIS VON BELGIEN

GROSSER PREIS VON BELGIEN

Startrunde von Spa: Fisichella führt vor Räikkönen, Kubica und Heidfeld. Vettel fährt mit Respektabstand rechts außen

GROSSER PREIS VON BELGIEN

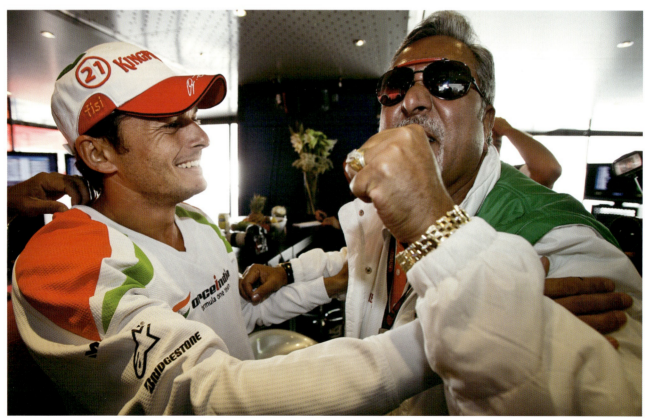

Die Sensation ist perfekt: Räikkönen gewinnt mit 0,9 Sekunden Vorsprung vor Fisichella. Der Force-India-Pilot war schneller, doch Räikkönen verteidigte sich auf den Geraden mit KERS

Partystimmung bei Force India: Fisichella und Teamchef Mallya feiern die Pole Position. Der Inder hat im Zirkus nicht nur Freunde. Bis Spa haben sich bei Lieferanten 15 Millionen Euro Schulden angehäuft

Alonso in Wartestellung: Der Ex-Champion erlebt in Spa eine weitere Enttäuschung.
Bei einer Feindberührung beim Start wird links vorne die Radnabe beschädigt

GROSSER PREIS VON BELGIEN

Atemberaubend schnell: Glock pfeift mit 305 km/h durch die Eau Rouge. Aus Fahrersicht ist die Mutter aller Kurven keine Mutpassage mehr: „Sie geht mit den modernen Autos easy voll"

Flammenwerfer: Auf der Fahrt in den Parc fermé fackelt der BrawnGP von Barrichello beinahe ab. Ausgelaufenes Öl aus dem lecken Ölkühler entzündet sich am heißen Auspuff

Punkte dank kluger Taktik: Kovalainen fährt von Startplatz 15 auf Rang sechs. Der Finne kommt nur ein Mal zum Tankstopp an die Box. Sein McLaren verliert in den schnellen Kurven bis zu 25 km/h

Erster Nuller: Nach einer Kollision mit Grosjean ist für Button nach zwei Kilometern Dienstschluss. Renault-Pilot Grosjean gibt Button die Schuld, obwohl er von hinten aufgefahren ist

GROSSER PREIS VON BELGIEN

SPA-FRANCORCHAMPS

Die Formel 1 ist in Erklärungsnot. Wie ist es möglich, dass Giancarlo Fisichella im Force India auf die Pole Position fährt? Und am nächsten Tag Zweiter wird und nur deshalb den Sensationssieg verpasst, weil Kimi Räikkönen sich nach einer SafetyCar-Phase dank KERS vorbeipfeilt? „Giancarlo war schneller, aber ich lag vorne", ringt sich Räikkönen nach seinem vierten Sieg in Spa ein Lächeln ab. „Als ich an ihm vorbei war, habe ich KERS zur Verteidigung benutzt."

Jarno Trulli stellt den Toyota auf Startplatz zwei. Sieben Tage vorher schaffte er nicht mal die erste Qualifikationshürde. McLaren-Mercedes stürzt ab ins Mittelfeld. In Valencia hätte Lewis Hamilton fast gewonnen. „Wir wissen nie, warum es gut läuft. Manchmal finden wir eine Antwort darauf, wenn etwas schiefgeht", zuckt Trulli mit den Schultern. Im Zeittraining liegen 19 Fahrer in 1,2 Sekunden. Auf einer Runde mit 7,004 Kilometern Länge. „Der dominierende Faktor ist der Reifen. Er ist das einzige Bindeglied zur Straße", sagt Ross Brawn. „Bridgestone stellt Reifen von der Stange her. Das überdeckt die Qualitäten des Autos. Entscheidend ist, wer die Reifen am besten zum Arbeiten bringt."

Force India hat diesmal das beste Händchen. Auch die Aerodynamik spielt eine Rolle. Zum ersten Mal in dieser Saison wird mit einer Abtriebskonfiguration im mittleren Bereich gefahren. Der Force India ist für diese Bedingungen maßgeschneidert. Bereits in der Standardausführung fehlt es an Abtrieb, was in Spa nicht weh tut. Dafür gewinnt der geringe Luftwiderstand an Bedeutung. Eau Rouge geht trotzdem noch locker voll. Vorbei die Tage, als man den Atem anhalten musste, um ohne den Gasfuß anzuheben durch die asphaltierte Achterbahn zu kommen. „Ich bin in der ersten Runde mit 60 Kilo Sprit im Tank locker voll gefahren. Das ist keine Kurve mehr, sondern eine Gerade", erzählt Fisichella. So ganz aus heiterem Himmel kommt die Sternstunde nicht. „Wir waren schon in den letzten Rennen reif für die Top Ten."

Der VJM002 ist das beste Auto dieses Teams seit den seligen Jordan-Tagen. Die Aerodynamikabteilung brachte seit Melbourne drei große Ausbaustufen, und jede lieferte auf Anhieb den vom Windkanal prognostizierten Erfolg. In Summe 2,1 Sekunden. Bei BMW wäre man froh um diese Treffsicherheit. Technikchef James Key erklärt, warum sein kleines Team den Doppeldiffusor früher verstanden hat als die Großen mit all ihrem Geld und Personal. „Wir hatten die Idee mit dem Doppeldecker bereits letztes Jahr, haben sie aber verworfen, weil wir Angst hatten, das wäre nicht legal. Als wir die ersten Diffusoren dieser Art gesehen haben, legten wir los. Wir hatten also schon ein Grundverständnis von dem, was wir da machten." Die große Regelreform erforderte Intuition. Key: „Wenn nur noch im Detail verbessert wird, sind die im Vorteil, die Geld und entsprechende Werkzeuge haben. Diesmal ging es um komplett neue Denkansätze."

Force India soll im Fahrerlager rund 15 Millionen Euro Außenstände haben. Teamchef Vijay Mallya scheint das nicht zu stören. Noch in Valencia protzte er mit seiner 95-Meter Yacht „Indian Empress". Im Fahrerlager

»Die heutigen Formel 1-Autos sind ein großer Computer mit vier Rädern dran und jeder Menge Power. Sie sind weit von dem entfernt, was ich bislang zu fahren gewohnt war«

Luca Badoer

spotten sie: „Er wäre besser im Leihwagen gekommen. Dann würde man ihm den Zahlungsnotstand eher abnehmen." Das ebenfalls nicht abbezahlte Motorhome wird auf der Fahrt von Valencia nach Spa gestoppt. Force India leiht sich das MotoGP-Mobil von Suzuki aus. Es sieht aus wie eine mobile Bedürfnisanstalt. Kimi Räikkönen ist der Spezialist für Spa. Der Finne siegt zum vierten Mal in den Ardennen. Ferraris Hybridantrieb wiegt nur noch 25 Kilogramm. Das ist fast Mercedes-Niveau. Beim Start ist Räikkönen Sechster. Am Ende der Kemmel-Geraden taucht die rote Ferrari-Nase schon auf Platz zwei auf. Fisichella ist mit 1,5 Sekunden Vorsprung außer Reichweite, doch das SafetyCar fängt alle ein. Romain Grosjean räumt im Mittelfeld kräftig auf. Der Franzose rempelt Jenson Button von der Bahn. Lewis Hamilton und Jaime Alguersuari werden mitgerissen. Alguersuari schimpft: „Der Grosjean spinnt. Fährt wie ein Irrer und bremst viel zu spät." Hinter dem SafetyCar macht Fisichella den einzigen Fehler. Um Sprit zu sparen, wärmt er die Reifen nur halbherzig auf. Nach dem Re-Start fehlt in Eau Rouge der Grip. Räikkönen saugt sich an, drückt den KERS-Knopf und ist vorbei.

Es wäre die goldene Gelegenheit für Buttons Verfolger gewesen, doch nur Sebastian Vettel kann entscheidend Boden gutmachen. Der dritte Platz ist trotzdem eine Enttäuschung. Die Red-Bull-Truppe rechnet mit einem Durchmarsch wie in Silverstone, aber in Spa ähnelt nur der mittlere Streckenabschnitt dem englischen Flugplatzkurs. „Alles, was wir in Sektor zwei holen, verlieren wir auf den Geraden", klagt Teamchef Christian Horner. Die BrawnGP holt trotz Rückgriff auf die Fahrwerksabstimmung der ersten Rennen das Problem mit den Reifentemperaturen wieder ein. Nicht ganz so schlimm wie am Nürburgring, aber doch so, dass die Red Bull außer Reichweite bleiben. Rubens Barrichello kommt damit besser zurecht als Jenson Button, der über ein instabiles Heck beim Bremsen und Untersteuern am Scheitelpunkt klagt. Barrichello erklärt: „Auch ich habe diese Symptome, aber ich habe gelernt, damit umzugehen." Der Brasilianer knabbert nur zwei Zähler vom Vorsprung des Teamkollegen ab. Zum dritten Mal kommt er beim Start nicht vom Fleck. Er kämpft sich zurück, haut sich in Blanchimont mit 310 km/h außen an Mark Webber vorbei und zittert sich die letzten drei Runden mit einem Leck im Ölkühler ins Ziel.

Jarno Trulli und Timo Glock gehen trotz des guten Trainingsresultats leer aus. Toyota ist ein Team ohne Ausstrahlung. Eine graue Maus mit extremen Schwankungen. Im entscheidenden Moment unterlaufen der Truppe aus Köln Fehler. Trulli gibt mit einem Bremsproblem auf. Glock verliert Punkte, weil die Tankanlage nicht funktioniert. Der Wechsel auf die Ersatztankstelle kostet zehn Sekunden. Die Stimmung ist auf dem Gefrierpunkt. Trulli wird eine 80-prozentige Gehaltskürzung angedroht. Was für eine Genugtuung, in der ersten Startreihe zu stehen. „Ich danke meinen Mechanikern", stichelt Trulli gegen die Teamleitung.

ALLE FAKTEN ZU DIESEM RENNEN AUF SEITE 199

GROSSER PREIS VON ITALIEN

Alles in Rot: Räikkönen ist zwar nur Dritter, doch die 75 000 Tifosi feiern trotzdem. Die überdimensionale Ferrari-Fahne gehört dazu

GROSSER PREIS VON ITALIEN

Moment des Triumphes: Barrichello zieht den BrawnGP bei der Zieldurchfahrt ganz nah an seinem Kommandostand vorbei. Der Brasilianer feiert seinen zweiten Saisonsieg

Haariges Manöver: Räikkönen versucht, Hamilton beim Start auf dem Gras zu überholen. Der Angriff misslingt. Hamilton biegt als Erster, Räikkönen als Zweiter in die erste Schikane ein

Das schwächste Saisonrennen: Der Williams-Toyota lahmt auf den schnellen Strecken. Mit wenig Abtrieb ist das Auto zu wenig effizient. Rosberg wird mit zwei Runden Rückstand nur 16.

Der größte Sprung: Heidfeld fährt vom 15. Platz los und kommt als Siebter ins Ziel. Eine perfekte Strategie mit einem späten Stopp in Runde 31 und die richtige Reifenwahl sind der Schlüssel für die Aufholjagd

GROSSER PREIS VON ITALIEN

MONZA

Das Chaos in Monza verläuft heute in geordneten Bahnen. Die Tifosi stürmen nach dem Rennen zwar immer noch die Strecke, doch die Drahtschere gehört nicht mehr zu ihrer Ausrüstung. Ein Grund, warum am Sonntag nur 75 000 Zuschauer ins ehrwürdige Autodrom pilgern, ist, dass alle bezahlen müssen. Sämtliche Schlupflöcher sind dicht. Der Großraum ums Fahrerlager gleicht einem Hochsicherheitstrakt. Schade drum. Die alten Tage waren irgendwie schöner, auch wenn das ein oder andere Auto mit einem neuen Besitzer aus dem Park verschwand. Ferrari ist auch nicht mehr, was es einmal war. Irgendwie hat den Rennstall die Vergangenheit eingeholt. Fisichella ist bereits der vierte Fahrer in Rot. Beinahe-Heimkehrer Michael Schumacher gar nicht mit gerechnet. Oder Valentino Rossi, der ebenfalls als Ersatz für den enttäuschenden Luca Badoer zur Debatte stand. Es kommt noch besser: Am liebsten hätte Maranello Robert Kubica von BMW für fünf Einsätze losgeeist. BMW hatte dem Polen schon die Freigabe erteilt. Der Deal scheitert, weil Ferrari Kubica keine Zusagen über 2009 hinaus machen konnte. Die Verpflichtung von Fisichella als Reservepilot für 2010 deutet darauf hin, dass Ferrari eine sichere Karte in der Hinterhand haben will, sollte Felipe Massa nicht mehr an seine frühere Form anschließen können.

Fisichella erwacht ziemlich schnell aus seinem Traum, nach 225 Grand Prix endlich einen Ferrari fahren zu dürfen. Insgeheim hat er wahrscheinlich ein paar Mal mit dem Gedanken gespielt: Könnte ich doch hier nur noch einmal den Force India fahren. Sagen darf er es natürlich nicht. Der Trainingsschnellste von Spa startet in Monza von Platz 14. Sein ehemaliger Teamkollege Adrian Sutil steht in der ersten Startreihe. Und dessen neuer Stallgefährte Vitantonio Liuzzi nistet sich auf dem siebten Startplatz ein. „Disco-Liuzzi", wie der lebenslustige Italiener genannt wird, fährt trotz zwei Jahren Rennpause spritbereinigt fast so schnell wie Sutil. Er hat 24,5 Kilogramm mehr Benzin an Bord und ist auf einer Einstoppstrategie unterwegs. Sutil wird wie Lewis Hamilton und Kimi Räikkönen zwei Mal tanken. Ein Fehler, wie alle drei später zugeben.

Die Favoriten für das Rennen lauern in der dritten Startreihe. BrawnGP meldet sich zurück. Es ist warm, und die Streckencharakteristik passt ins Profil der weißen Autos, die stabil auf der Bremse sind und eine gute Traktion zu bieten haben. Die Probleme mit dem Anwärmen der Reifen hat man durch den Rückgriff auf die Abstimmung der ersten Saisonrennen leidlich im Griff. Rubens Barrichello ist der einzige, der die harten Sohlen schon in der Startrunde auf Betriebstemperatur hat. Alle andern rudern hilflos herum. Sebastian Vettel wird von Fernando Alonso und Robert Kubica vernascht. Heikki Kovalainen von Jenson Button und Vitantonio Liuzzi. „Erst nach fünf Runden habe ich Grip gespürt", verzweifelt Vettel.

Barrichellos Startrunde ist der Schlüssel zum Sieg. „Ich musste an Kovalainen vorbei, irgendwie. Wenn ich hinter ihm verhungert wäre, hätte ich das Rennen vergessen können." Als sich der Pulverdampf der ersten Runde legt, fahren die BrawnGP-Piloten treu nach Marschroute. Sie wissen, dass die Einstoppstrategie auf

»Ich hätte nicht gedacht, dass so viele Fahrer mit einer Einstopp-Strategie ins Rennen gehen. Unser Speed war gut, aber am Ende wäre es besser gewesen, sich nur für einen Tankstopp zu entscheiden«
Adrian Sutil

dem Papier um fünf Sekunden schneller ist. Hamilton bräuchte vor seinem zweiten Tankstopp 25 Sekunden Vorsprung, um zu gewinnen. Er schafft nur 16. Damit ist der Weg zu Barrichellos drittem Monza-Sieg nach 2002 und 2004 frei. Der Brasilianer fährt in der Form seines Lebens. Er will den Titel, mit aller Macht. Deshalb geht er das Risiko ein, das von dem verunglückten Start in Spa angeschlagene Getriebe im Auto zu belassen. Bloss keine fünf Startplätze zurück wegen eines Wechsels. Auch seine Zweifel, das Team könne alle Karten auf Jenson Button setzen, sind verflogen. Beide BrawnGP-Piloten haben gleich viel Sprit an Bord. Barrichello darf sich den Tankzeitpunkt aussuchen. „Das Vorrecht des Führenden", erklärt Ross Brawn.
Red Bull geht in Monza mit fliegenden Fahnen unter. Die Heckflügel liegen praktisch flach im Wind. „Sonst bleiben wir auf den Geraden stehen", bedauert Vettel. Nico Rosberg geht es genauso. „Eine Katastrophe. Unser Williams ist nicht für wenig Abtrieb gebaut. Ich muss Abtrieb opfern, damit ich auf den Geraden vorwärtskomme." Bei den Verlierern von Monza erzählt man sich, dass die Mercedes-Motoren 40 PS mehr als alle anderen Triebwerke mobilisieren. „Unmöglich", sagen sie bei Ferrari. „15 bis 20 PS vielleicht, das wären immer noch drei Zehntel pro Runde."
Der Benzinverbrauch ist spätestens seit Spa ein Thema. Rückblende: Obwohl Räikkönens Ferrari zehn Liter mehr Benzin an Bord hatte, kam er gleichzeitig mit Fisichella an die Tankstelle. Die FIA leitete sofort eine Untersuchung ein, wie immer, wenn beim Tanken Anomalien auftreten. Mit dem Ergebnis, der Force India sei legal. Es gibt keinen Tank im Tank, der wie bei BAR 2006 als variabler Ballast dient. Die Erklärung: Fisichella sparte in der Formationsrunde, in der Runde zu seinem Startplatz und hinter dem SafetyCar mehr Sprit als jeder andere. Force India fährt den Tank vor den Boxenstopps bis auf den letzten Tropfen leer, während die Konkurrenz mit einer Sicherheitsmarge an die Tankstelle kommt.
Die grün-braun-weißen Autos weisen den geringsten Luftwiderstand auf. Es ist aber nur eine Erklärung dafür, dass der Force India das ideale Auto für schnelle Strecken wie Spa und Monza ist. Technikkordinator Simon Roberts erklärt: „Wir haben den VJM002 nicht mit dem Ziel gebaut, das schnellste Auto auf der Geraden zu haben. Nichts wurde freiwillig dem Abtrieb geopfert." Den entscheidenden Schritt machte das ehemalige Schlusslicht mit der Ausbaustufe von Valencia. „Die verstehen wir mit jedem Rennen besser", so Roberts, der von McLaren eingeschleust worden war, um Ordnung ins Technikbüro zu bringen. Für Ferrari-Technikchef Aldo Costa ist das Wunder erklärbar: „Der McLaren-Input hat Force India in Bezug auf die Arbeitsprozesse, die Qualität und die Entwicklungsmethodik auf den Stand eines Topteams gebracht."

ALLE FAKTEN ZU DIESEM RENNEN AUF SEITE 200

DIE DEUTSCHEN

Die Deutschen beherrschen die Formel 1. Schumacher beschäftigte die Medien mit Comebackgelüsten. Rosberg, Glock, Sutil, Heidfeld und Vettel sind etablierte Größen im Zirkus. Sie fahren auch 2010

DEUTSCHSTUNDE

Deutschland bleibt eine Macht in der Formel 1. Mit fünf Fahrern stellte die Autonation diesmal ein Viertel der Teilnehmer im Feld. Im nächsten Jahr kommt GP2-Sieger Nico Hülkenberg dazu. Und Michael Schumachers Rückkehr steht immer noch im Raum. Romantiker rechnen so: Wenn Felipe Massa beim Comeback nicht die Kurve kriegt und sich Reservepilot Giancarlo Fisichella nicht steigern kann, dann steht ganz schnell der siebenfache Ex-Weltmeister auf der Matte.

Man sah es Schumacher an, wie sehr ihn das vereitelte Comeback im Sommer schmerzte. Mehr noch aber die Erkenntnis, dass ihm die Gesundheit Grenzen gesetzt hat. „Ich habe mich für einen Moment wie zurück im richtigen Leben gefühlt." Dieser Satz lässt tief blicken. Der erfolgreichste Formel 1-Fahrer aller Zeiten hat an dem Einsatz rund um die Uhr gearbeitet, eine Zeitlang vielleicht auch gegen gute Ratschläge der Ärzte. Er wollte Fakten besiegen, die sein Motorradunfall vom 11. Februar geschaffen hat. Schumacher hat sich mit seinem neuen Leben noch nicht angefreundet. Ein ganz normales Dasein ohne die großen Herausforderungen und den ultimativen Geschwindigkeitsrausch und irgendwann auch ohne die Aufmerksamkeit der Öffentlichkeit. Ihm droht das Häkkinen-Syndrom, wenn er nicht jetzt bereits von ihm befallen ist. Sein Ex-Gegner hatte die Rückkehr in den Motorsport so begründet: „Als Rentner musste ich feststellen, dass ich in allen anderen Disziplinen des Lebens nur Mittelmaß bin. Mir fehlte es, irgendwo der Beste sein zu können." Im Hype um die mögliche Schumacher-Rückkehr

DIE DEUTSCHEN

Für zwei Wochen wieder Grand-Prix-Pilot: Schumacher sollte Massa ersetzen, doch dann streikte der Nacken

Ex-Weltmeister Schumacher erzeugt mehr Interesse als jeder aktive Fahrer. Die TV-Kameras sind dem Formel 1-Rentner auf den Fersen

Corpus delicti: Die Nackenverletzungen verhinderten das Comeback des Jahres. Manager Weber kann es nicht fassen

Der BMW F1.09 war schwach in die Saison gestartet. Vier Rennen lang ärgerte sich Heidfeld mit dem Hybridantrieb herum

Ein Foto mit dem Formel 1-Fahrer gehört ins Familienalbum. Heidfeld hat auch im Alonso-Land Spanien seine Fans

Gute Nacht: Nach einer unverschuldeten Kollision mit Sutil ist das Nachtrennen in Singapur für Heidfeld gelaufen

Zwei Deutsche auf dem Podium: Heidfeld feiert Platz zwei, Glock Rang drei beim Abbruchrennen in Malaysia

Der große Kämpfer der Formel 1: Auch bei aussichtslosen Rennen wie dem in Monte Carlo gibt Glock nie auf

Die Ruhe vor dem Start: Glock wartet in Istanbul auf den GP Türkei. Der Toyota-Pilot wird im Rennen Achter

wurde übersehen, was für ein Armutszeugnis es für die Formel 1 ist, dass sie einen 40-jährigen Altmeister braucht, um das Interesse neu zu entfachen.

Für den Rest der Deutschen muss die Hysterie um den Altmeister ernüchternd gewesen sein. Alle fünf haben auf der Rennstrecke respektable Leistungen gezeigt. Sebastian Vettel fuhr bis zum Schluss um den WM-Titel mit. Er bleibt Red Bull bis mindestens Ende 2011 treu. Hinter Vettel war das halbe Fahrerlager her. Vor allem aber Mercedes. „Vettel hat sich ohne Not so früh festgelegt", urteilt Sportchef Norbert Haug. Sein Pech war, dass er seinem Wunschpilot zu dem Zeitpunkt noch nicht die Pläne mit BrawnGP verraten konnte. Auf Ferrari und McLaren-Mercedes hatte Vettel wenig Lust. Er wäre dort auf Fernando Alonso getroffen oder auf Lewis Hamilton. Beide genießen Privilegien in ihren Teams. Bei Red Bull ist Vettel der Star. Den Treueschwur ließ sich der Deutsche vergolden. „Bild" dichtete 15 Millionen Euro pro Jahr. Vater Norbert staunte: „Nicht mal ich weiß, wie viel Sebastian verdient." Nico Rosberg hingegen glaubt: „Wenn sich Sebastian so früh entscheidet, muss es viel Kohle dafür geben."

Rosberg wechselt nach vier Jahren Williams erstmals seinen Arbeitgeber. Mercedes lotste seine neue Gallionsfigur zu BrawnGP. Der 24-jährige Blondschopf sammelte mehr Punkte als je zuvor. Williams war ein Einmannteam. Kazuki Nakajima sah gegen Rosberg kein Land. Woraus Rosberg schloss: „Ich habe mich über den Winter nochmals gesteigert, setze noch mehr den Kopf ein." Der konstanteste Fahrer der Saison kann mehr, als es der Punktestand widerspiegelt. Jackie Stewart fordert: „Nico muss sein Talent endlich in Top-Ergebnisse umsetzen. Außerhalb des Cockpits ist er das ideale Produkt. Er sieht gut aus, ist intelligent, trägt einen berühmten Namen." Frank Williams krächzt: „Wenigstens haben wir bei Nico früh das Talent entdeckt. Es gab Momente, da

DIE DEUTSCHEN

Dienstantritt: Rosberg kommt mit Barrichello ins Fahrerlager. Der Brasilianer ersetzt 2010 Rosberg bei Williams

Der GP Singapur hätte für Rosberg das Rennen des Jahres werden können. Eine Boxenstrafe kostete den Williams-Piloten Platz zwei

Rosberg war einer der regelmäßigsten Punktesammler der Saison. Nur der ganz große Erfolg blieb dem Deutschen verwehrt

Im Regen ist Vettel in seinem Element. Den GP China gewann der Red-Bull-Pilot überlegen vor seinem Teamkollegen Webber

Eine Einheit mit seinem Auto: Vettel und sein Red Bull RB5 waren 2009 die schnellste Kombination in der Formel 1

Siegerpose: Nach fünf Jahren Anlauf durfte endlich auch Red Bull jubeln. Vettel weckte das Team auf

Ein missglückter Tankstopp in Monza kostete Sutil einen Podestplatz. Der Gräfelfinger überzeugte dennoch mit Platz vier

Sutil verdiente sich einen Stammplatz in der Formel 1. Der Force-India-Pilot beeindruckte am Nürburgring, in Valencia und Monza

Das Warten hat sich gelohnt. Im dritten Jahr beim gleichen Rennstall hatte Sutil erstmals ein konkurrenzfähiges Auto

hätte ich Hamilton, Räikkönen und Glock haben können, habe aber nicht zugegriffen."
Auf Nick Heidfelds Zukunft hatte der Rückzug von BMW keinen Einfluss. „Ich hätte sowieso neu verhandeln müssen." Dabei stehen ihm wieder einmal die Imageprobleme im Weg, gegen die er wie gegen Windmühlen kämpft. „Ich liege in der öffentlichen Wahrnehmung hinter Fahrern, die schlechter sind als ich." Das letzte Jahr, in dem er teilweise alt gegen Robert Kubica aussah, geistert laut Heidfeld immer noch in den Köpfen der Leute herum. „Ich war 2007 schneller als Robert, ich bin es jetzt. Aber alle reden nur von 2008." Heidfelds Pech: „Wenn du nur im Mittelfeld kämpfst wie wir in diesem Jahr, fällt das den Leuten nicht auf."
Für Timo Glock wiederholte sich die Vorjahressaison. Sein Toyota war ein launisches Auto. Top in einer Trainingssitzung, Flop nur eine Stunde später. „Und wir haben bis zum Schluss nicht herausgefunden, warum." Einzige Konstante: „Je mehr Gummi auf der Fahrbahn lag, desto mehr hat unser Auto davon im Vergleich zu anderen profitiert." Jarno Trulli dominierte wie im Vorjahr das Trainingsduell, Glock fuhr die besseren Rennen. „Ein paar Startplätze weiter vorne, und das Saisonergebnis wäre noch besser ausgefallen." Ein Unfall in Suzuka verkürzte die Saison um zwei Rennen. Der Kämpfer lag im Bett, als es um die Cockpits für 2010 ging.
Adrian Sutil belohnte sich in Monza mit einem vierten Platz. Ein dritter lag in Reichweite, doch in der Hektik schoss er beim zweiten Tankstopp über seine Parkbox hinaus. Der Übereifer stand dem Force-India-Piloten auch am Nürburgring im Weg. Auf dem Weg in die Punkte kollidierte er ohne Not mit Kimi Räikkönen. Der Finne ist sein persönliches Schicksal. Er ist immer dann in der Nähe, wenn es bei Sutil um WM-Punkte geht: Monaco 2008, Nürburgring 2009, Monza 2009.

GROSSER PREIS VON SINGAPUR

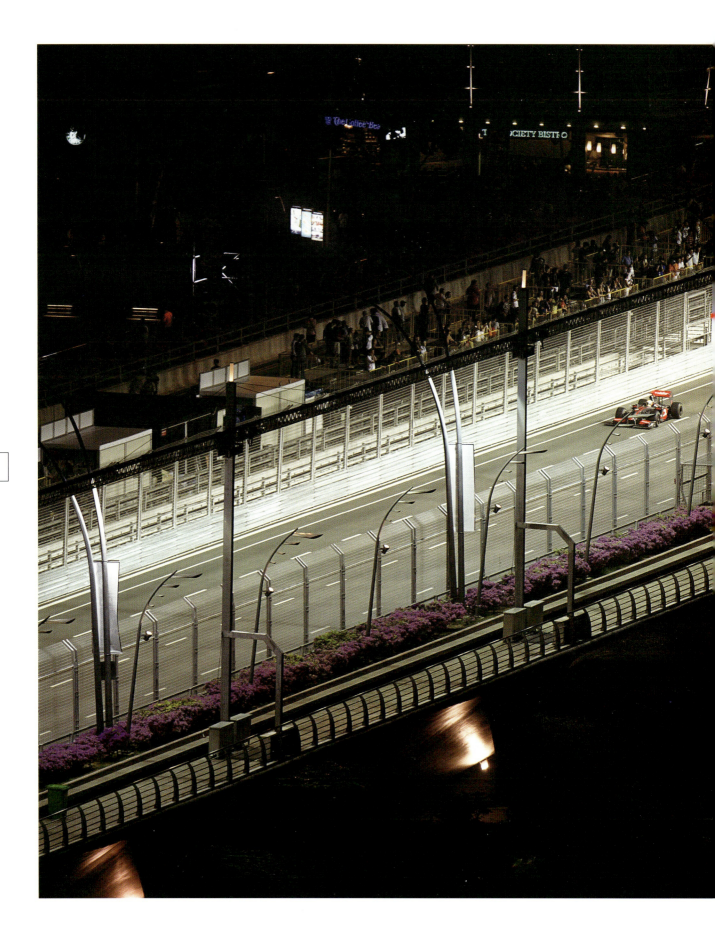

Über Wasser: Hamilton fährt mit seinem McLaren auf der Esplanade-Brücke. Der Engländer kontrolliert das Rennen

GROSSER PREIS VON SINGAPUR

Hamilton sichert sich den Vorteil der Pole Position. Rosberg überholt Vettel, der sich gegen Alonso wehren muss. Der Staub im Hintergrund zeigt, wie schmutzig die Strecke selbst am Sonntag noch ist

Da schwitzt sogar der Weltmeister. Fahren ist in Singapur ein Knochenjob. Die 23 Kurven, die Saunatemperaturen und die diffuse Sicht in der Nacht strengen an

Endstation Sutil: Nach einer Kollision mit dem Force-India-Piloten muss Heidfeld seinen BMW F1.09 vorzeitig abstellen. Der Mönchengladbacher ist bedient: „Man sollte Sutil ein neues Hirn kaufen"

Der Veranstalter hatte versprochen, die gröbsten Bodenwellen auszubauen, doch auf dem langen Raffles-Boulevard schlagen die Autos immer noch Funken

GROSSER PREIS VON SINGAPUR

Ferrari bleibt in Singapur farblos. Räikkönen bremst den linken Vorderreifen eckig. Der Finne landet am Ende auf Platz zehn. Fisichella ist noch drei Plätze schlechter klassiert

Glock wird von der Toyota-Mannschaft begeistert empfangen. Der Deutsche mag Stadtkurse. „Endlich konnte ich den Toyota so abstimmen, wie ich es für meinen Fahrstil brauche."

Hamilton gewinnt vor einmaliger Kulisse sein zweites Saisonrennen. Der Engländer hatte nur ein kurzes Problem: Eine Runde lang spielte sein KERS verrückt. Nach einem Neustart war wieder alles okay

SINGAPUR

Jenson Button feiert seinen fünften Platz wie einen Sieg. Nur ein Punkt verloren auf Sebastian Vettel, einer gewonnen auf Rubens Barrichello, das ist ein Meilenstein Richtung Titel. Der früher so coole Engländer wirkt plötzlich nervös. In der Qualifikation fliegt er schon in der zweiten K.O.-Runde raus. Weil das Auto plötzlich untersteuert, lässt er vorne den Luftdruck der Reifen senken. Ein Eigentor. Der BrawnGP setzt nun vorne so stark auf, dass er sich beim Anbremsen einer Kurve einen Bremsplatten einfängt. Im Rennen fährt der Engländer auf Abwarten. Seine beste Szene ist der Start. „Der Schlüssel für meinen fünften Platz war, dass ich an Nakajima vorbeigekommen bin."

Button profitiert von den Pannen seiner WM-Gegner. Mark Webber crasht und ist damit aus dem Titelrennen. Vettel kostet eine Durchfahrtsstrafe Platz zwei. Barrichello verliert beim zweiten Tankstopp fünf Sekunden, weil der Motor abstirbt. Rubinho lässt beim Anfahren seiner Parkposition die Drehzahl zu weit abfallen. Der Hydraulikdruck reicht nicht mehr aus, um den zweiten Gang rauszuziehen und in den Leerlauf zu gehen. Das ganze Rennen liegt er vor seinem Teamkollegen, da fällt es Barrichello schwer, sich zu damit zu trösten, dass alles hätte viel schlimmer kommen können. Am Samstagmorgen fällt die Entscheidung, dass das seit Spa angeschlagene Getriebe raus muss. Bei einer Simulation auf dem Prüfstand mit einem ähnlich vorgeschädigten Getriebe streikt die letzte Übersetzung vor dem Differenzial kurz vor Rennende. Singapur ist mit 68 Schaltmanövern pro Runde die ultimative Tortur für das Getriebe. Die elektromagnetischen Wellen, die von der U-Bahn unterhalb Kurve 12 ausgesendet werden, erhöhen bei den empfindlichen Schnellschaltgetrieben die Chance eines unsauberes Gangwechsels. Den Moog-Ventilen, die die Schaltwalzen betätigen, reichen ein paar Milliampère aus, um sich zu bewegen. Das Risiko einer Nullrunde ist für Barrichello zu groß. Dann lieber fünf Startplätze zurück.

Sebastian Vettel rauft sich die Haare. Er wird Vierter bei einem Rennen, das er hätte gewinnen müssen. „Der Abbruch nach Barrichellos Unfall im Training hat alles kaputtgemacht", flucht Teamchef Christian Horner. „Sebastian war auf der Runde seines Lebens, er fuhr mit 46 Kilogramm Benzin an Bord fast so schnell wie vorher mit fast leerem Tank. Von der Pole Position aus hätte ihn im Rennen keiner mehr gesehen." Alles graue Theorie, denn der Deutsche steckt die meiste Zeit im Verkehr. „Unser Auto reagiert auf Turbulenzen besonders kritisch. Wir brauchen eine optimale Anströmung." Webber bestätigt: „Ein Auto, das 100 Meter vor dir fährt, kostet dich in der Rundenzeit acht Zehntel."

Es ist nicht Vettels Tag. In der 36. Runde bricht der rechte Spiegel samt Leitblech ab. Vier Runden später verliert er den halben Diffusor auf dem Randstein einer Kurve. „Da ging so viel Abtrieb verloren, dass konstante Rundenzeiten nicht mehr möglich waren." Richtig ärgerlich ist die Durchfahrtsstrafe wegen Überschreiten des Tempolimits in der Box. Red Bull zweifelt die FIA-Messung von 101,4 km/h an der Boxeneinfahrt an.

»Singapur ist eine Strecke, die polarisiert. Wer den Kurs nicht mag, der findet nie das Vertrauen in sich und das Auto, um voll zu attackieren«

Fernando Alonso

Der Tempomat ist auf 99,5 km/h justiert. Die Boxengasse von Singapur teilt sich in neun Segmente. Gemessen wird die Durchschnittsgeschwindigkeit zwischen zwei Induktionsschleifen. Vettel ungläubig: „Es gab für mich keinen Grund zur übertriebenen Eile. Wir wussten, dass wir Lewis auch mit einem Superstopp nicht überholen würden." Teamberater Helmut Marko erklärt die Diskrepanz so: „Wenn Sebastian in der Kurve der Boxeneinfahrt nur um 60 Zentimeter abgekürzt hat, liegt er im Schnitt schon über 100 km/h."
Die Red-Bull-Piloten wissen, dass ihre Autos mit den Bremsen am Limit sind. Chefdesigner Adrian Newey gibt der Aerodynamik zuliebe bei den Bremsbelüftungen keinen Millimeter preis. Webber passt beim Briefing nicht so gut auf wie sein Kollege Vettel. Während der die Bremsen schonend behandelt, meldet Webber ab Rennhälfte ein „langes Bremspedal". Nach einem Sicherheitscheck an der Box sieht der Kommandostand an den Daten, dass die Temperaturen an der Bremse weiter in gefährliche Bereiche steigen. Gerade als man den Australier warnen will, passiert es. Beim Anbremsen der ersten Kurve aus 280 km/h explodiert rechts vorne die Scheibe. Der Red Bull schlägt mit dem Heck voran in die Tecpro-Spezialbarriere der ersten Kurve ein. Webber meint nachdenklich: „Wenn mir das in Kurve sieben passiert, sieht es nicht so gut aus."
Nico Rosberg dreht die schnellste Runde des Wochenendes. Auf dem zwei Kilometer langen Sektor zwei nimmt er der Konkurrenz drei Zehntel ab. Die Rundenzeit ist so phänomenal, dass McLaren bei der Regie der Fernsehproduktion umgehend Aufnahmen von Rosbergs Bordkamera bestellt. Whitmarsh: „Wir wollten uns anschauen, wie Nico die Randsteine genommen hat." Rosberg gibt zu: „Da hat jede Kurve gepasst." Hamilton juxt: „Gib zu, du hast in der Schikane abgekürzt." Rosberg bringt sich durch einen Flüchtigkeitsfehler in der Boxenausfahrt um alle Chancen. Er überquert die weiße Linie. Es kommt noch dicker. Zwei Runden später rückt das SafetyCar wegen der Kollision zwischen Nick Heidfeld und Adrian Sutil aus. Damit staucht es das Feld wieder zusammen, bevor Rosberg einmal strafweise durch die Boxengasse muss. Er fällt von Platz zwei auf Rang 14 zurück.
Neben Hamilton sitzen zwei seltene Gäste bei der Sieger-Pressekonferenz. Timo Glock beschert Toyota nach einer fehlerfreien Fahrt mit Platz zwei das beste Saisonresultat. Fernando Alonso darf in Singapur zum ersten Mal in diesem Jahr auf das Podest. Der Spanier sorgt mit einem Satz für hochgezogene Augenbrauen: „Ich widme diesen zweiten Platz Flavio Briatore." Renault streicht diese Provokation aus der Pressemitteilung. Briatore gilt als persona non grata. Die FIA sperrt den früheren Renault-Teamchef lebenslang für seine Verwicklung in das getürkte Vorjahresrennen, in dem Nelson Piquet crashen musste, um Teamkollege Alonso zum Sieg zu verhelfen. Alonso weiß, wie man unangenehme Themen abhakt. Augen zu und durch. „Der Singapur-Skandal, das war gestern. Ich lebe im Heute."

ALLE FAKTEN ZU DIESEM RENNEN AUF SEITE 201

GROSSER PREIS VON JAPAN

Suzuka ist ein Crashfestival: Im Training rutscht Kovalainen in den Reifenstapel. Dabei geht das Getriebe zu Bruch

GROSSER PREIS VON JAPAN

Unantastbar: Vettel gewinnt trotz zweier Pannen beim Boxenstopp und einer späten SafetyCar-Phase.
Der Red Bull und sein Pilot sind in Suzuka unschlagbar

Interner Kampf: Heidfeld kommt vor Kubica ins Ziel, muss aber zwischendurch den Polen passieren lassen,
weil der weniger Sprit an Bord hat und bei optimaler Ausnutzung der Taktik Achter werden könnte

McLaren tankt, Ferrari schaut zu: Nach Hamiltons zweitem Tankstopp fällt der Hybridantrieb im McLaren aus. So kann Trulli vorbeiziehen. Der Italiener tankt erst zwei Runden später

Japanische Höflichkeit: Trulli verbeugt sich nach seinem zweiten Platz nach landestypischer Sitte vor seiner Mannschaft. Es ist für Toyota der zweite zweite Platz innerhalb von sieben Tagen

GROSSER PREIS VON JAPAN

SUZUKA

Zwei Jahre lang gastierte die Formel 1 in Fuji, und man hat fast vergessen, was für eine Achterbahn Suzuka ist. Beim Wiedersehen macht Sebastian Vettel der Strecke eine Liebeserklärung: „Welch ein geiler Kurs. Wenn du perfekt durch die S-Kurven gekommen bist, hast du einen echten Glücksmoment." Vettel dominiert Suzuka von A bis Z. Die Red Bull sind in den schnellen Kurven konkurrenzlos. Nur Teamkollege Mark Webber hätte Vettel gefährden können, doch der Australier muss nach einem Trainingscrash in sein Ersatzchassis umsteigen und damit aus der Box starten. „Ich bin nur mit drei *g* eingeschlagen, aber der Winkel war so ungünstig, dass es das Lenkgestänge aus dem Chassis gerissen hat."
Für Suzuka-Neulinge herrschen erschwerte Bedingungen. Am Freitag regnet es in Strömen. Damit werden das Anfreunden mit der Strecke, die Abstimmungsarbeit und der Reifenvergleich auf eine Stunde am Samstag komprimiert. Williams-Technikchef Sam Michael verrät: „Normalerweise probieren wir drei bis vier unterschiedliche Abstimmungen durch. Diesmal belassen wir es bei dem Setup, das der Computer berechnet hat." Die McLaren-Fahrer sind zum ersten Mal in Suzuka. „Hamilton und Kovalainen saßen je einen halben Tag bei uns im Simulator", erzählt Teamchef Martin Whitmarsh.
Suzuka fordert seine Opfer. Zwei Mal wird das Zeittraining abgebrochen, einmal leuchten die gelben Ampeln. Jaime Alguersuari, Heikki Kovalainen und Timo Glock verstümmeln ihre Autos. Sebastien Buemi entblättert seinen ToroRosso zwei Mal an der Streckenbegrenzung, schafft es aber immer wieder an die Boxen zurück. Als er zwischen der Spoon-Kurve und dem 130R-Linksbogen Wrackteile verstreut, kommt es zum Chaos. Die Regelhüter brauchen 18 Stunden, um die Startaufstellung zu ermitteln. Das ist eine Doktorarbeit. Hinter neun der 20 Fahrer steht eine Fußnote. Alonso, Barrichello, Button und Sutil wandern fünf Startplätze zurück, weil sie bei gelber Flagge nicht vom Gas gehen. Der Kommandostand von BrawnGP hat seine Fahrer nicht gewarnt. „Die hätten selbst sehen müssen, dass da ein Haufen Teile herumlag", brummt Teamchef Ross Brawn. Buemi muss büßen, weil er mit seinem zerfledderten Auto weiterfährt und dabei auch noch Robert Kubica behindert. Kovalainen und Liuzzi werden für Getriebewechsel bestraft. Die zeitliche Reihenfolge der Vergehen legt die Startplatzversetzung fest. Jede Versetzung wird isoliert behandelt. Barrichello verliert am Ende nur einen Rang, weil er als Zweiter auf der Sünderliste steht.
Die BrawnGP-Piloten bleiben im Rennen blaß. Sie hängen im Verkehr. Barrichello verschätzt sich mit dem Setup, und Button schwimmt sich zu spät von Kovalainen, Rosberg und Alonso frei. Er hätte den Speed gehabt, wird aber trotzdem nur Achter. Ross Brawn bestreitet, dass sein Team in der zweiten Saisonhälfte eingebrochen ist. „Wir haben in den letzten sieben Rennen mehr Punkte gesammelt als jedes andere Team."
Die Hoffnung, am grünen Tisch Punkte zu gewinnen, ist drei Stunden nach der Zielflagge passé. Alguersuari verschrottet innerhalb von 24 Stunden den zweiten ToroRosso. Als die SafetyCar-Warnung über die

»Es war mein erster richtiger Tag in der Formel 1. Ich habe gewusst, was das Auto macht, und ich habe mich im Auto richtig wohl gefühlt. Bis zu meinem Crash«

Jaime Alguersuari

Bildschirme flimmert, hat nur noch Nico Rosberg seinen zweiten Tankstopp vor sich. Der Williams-Pilot macht drei Plätze gut, weil er schneller an die Boxen zurückfährt als erlaubt. Doch Rosberg hat eine gute Entschuldigung. Er kann die Countdownzeit am Armaturenbrett nicht ablesen. Dort warnt ihn das Signal „Benzin auf Reserve". Das hat eine höhere Priorität. Da der Fehler bei den Programmierern der Standardelektronik liegt, kommt der Williams-Pilot mit einem blauen Auge davon. Nick Heidfeld, Barrichello und Button kochen: „Bei normalem Rennverlauf wäre Nico hinter uns gelandet."

Vettel kann an diesem Tag auch ein SafetyCar nicht aus dem Konzept bringen. „Ich hatte sogar noch Zeit, mit dem weichen Satz Reifen Jagd auf die schnellste Rennrunde zu machen. Mein Ingenieur hat aber gesagt, ich solle die Reifen für eine eventuelle SafetyCar-Phase schonen. Zwei Runden später war sie da." Vettels Verfolger Jarno Trulli und Lewis Hamilton sind zu sehr mit ihrem Duell beschäftigt, um daraus Profit zu schlagen. „Mein KERS war ausgefallen. Ich konnte beim Re-Start nicht angreifen", ärgert sich Hamilton. Fast wäre er noch Kimi Räikkönen in die Hände gefallen. Seit es endlich publik ist, dass Alonso 2010 sein Cockpit übernimmt, wirkt der Finne im Ferrari-Camp wie ein Aussätziger. Die Begrüßungen fallen noch kürzer aus als sonst. Man merkt, dass Räikkönen gerne seine Meinung zu der Vertragsauflösung sagen würde, aber er darf nicht. „Es lag nicht an mir. In diesem Sport geht es manchmal um viel Geld", verschleiert er die Wahrheit. Soll heißen: Santander hat ihn ausgebootet. Räikkönen hätte sich juristisch wehren können, „doch was bringt es, bei einem Team zu fahren, das dich nicht haben will?"

Jarno Trulli wiederholt Timo Glocks Husarenstück von Singapur. Platz zwei ist bei Toyota nichts Alltägliches. In Suzuka ist der ganze Vorstand da. Die hohen Herren liegen sich mit Trulli nach der Zieldurchfahrt in den Armen. Es ist eine Ohrfeige für Teamchef John Howett, der Trulli 90 Prozent des Gehalts kürzen will, mit Kubica und Räikkönen Verhandlungen ankündigt, obwohl die längst anderswo untergekommen sind. Timo Glock sitzt während des Rennens mit bandagiertem linken Bein in der Toyota-Box. Sein Trainingscrash wirkt nach. Das mittlere Segment des Frontflügels, vollgepackt mit Ballast, perforierte wie ein Schwert das Karbon-Monocoque und fügte Glock eine sechs Zentimeter lange Fleischwunde zu. Es dauerte sieben Minuten, bis der Hesse geborgen war. „Als ich ins Cockpit blickte, wurde mir schlecht. Ich sah den Flügel und wusste: Ein paar Zentimeter weiter, und das Bein ist ab."

ToroRosso bekommt in Suzuka das Aerodynamikpaket, das Red Bull schon in Singapur beflügelt hat. „Macht vier Zehntel", rechnet Buemi vor. Der Schweizer erklärt seine Unfälle so. „Du musst heute absolut ans Limit gehen, wenn du bis ins Top-Ten-Finale vorkommen willst." Teamchef Franz Tost zeigt sich gnädig. „Das gehört zum Lernprozess. Hauptsache er gibt Gas. Buemi hatte den Speed für Startplatz fünf."

ALLE FAKTEN ZU DIESEM RENNEN AUF SEITE 202

F1-TECHNIK

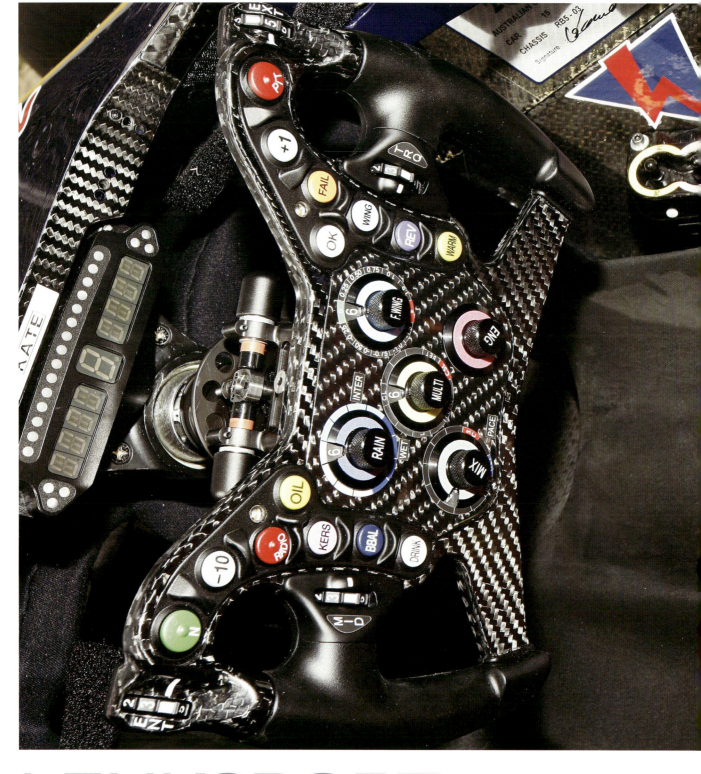

LENKSPORT-
AUFGABE

Sebastian Vettels Arbeitsplatz: Das Red-Bull-Lenkrad sieht aus wie ein Steuerhorn im Flugzeug – mit 23 Knöpfen drauf

Das neue Reglement hat die Uhren auf Null gestellt und mit einem alten Vorurteil aufgeräumt. Große technische Revolutionen, so der Aberglaube, würden das Feld weit auseinanderdividieren. Die Großen würden die Kleinen mit ihrem Vorteil an Ressourcen, Werkzeugen und Knowhow an die Wand fahren. Das Gegenteil war der Fall. Noch nie in der Geschichte der Formel 1

F1-TECHNIK

Atemschutz: Wer bei Ferrari mit den KERS-Batterien arbeitete, musste sich vor möglichem Gasaustritt schützen

Die Bremsen, ihre Kühlung und die Verkleidung der Bremssättel sind die wichtigsten aerodynamischen Details

Die KERS-Elemente von Mercedes (Batteriepaket, Generator und Leistungselektronik) wogen 24 Kilogramm

Wer wie Heidfeld in Bahrain mit KERS unterwegs war, bekam Probleme mit dem Bremsen. Je mehr die Batterien geladen wurden, desto mehr Bremsbalance verlagerte sich nach vorne. Das führte zu blockierenden Rädern

rückte das Feld so eng zusammen. In Spa trennten den Ersten vom Letzten 1,257 Sekunden. In Monza waren es nur 0,871 Sekunden. Die Regelreform wurde zum größten Gleichmacher aller Zeiten.

Die Erklärung dafür liegt im Reglement selbst. Es gibt immer weniger Parameter, in denen sich die Teams differenzieren können. Die Motoren liegen in einem Bereich von 20 PS, auch wenn die Frustrierten dem Mercedes V8 ein Leistungsplus von 40 PS zusprechen wollten. Das ist unrealistisch. „40 PS entsprechen bis zu sechs Zehnteln in der Rundenzeit. Da könnten die Autos nicht so gleichwertig sein", erklärt BMW-Technikchef Willy Rampf. Auch die Reifen sind für alle gleich. Es sind Reifen von der Stange, die man nur schwer in den optimalen Arbeitsbereich bringt. Dafür ist es aber umso leichter, aus dem magischen Temperaturfenster wieder hinauszufallen. Wer es genau trifft, der überdeckt andere Schwächen. Wer danebenliegt, kann vom besten Auto nicht profitieren. Siehe BrawnGP in der Phase zwischen Silverstone und Budapest. Die Reifen haben den Faktor Aerodynamik auf ein Minimum reduziert. Und die Aerodynamik wurde durch das Verbot sämtlicher Aufbauten in ihren Möglichkeiten kastriert. Das erklärt die geringen Abstände.

Drei Technikthemen haben die Formel 1-Saison 2009 beherrscht: der Doppeldiffusor, das Reifendilemma und KERS. Die Saison begann mit Ärger. Drei Teams tauchten in Melbourne mit einem doppelstöckigen Unterboden auf. BrawnGP, Toyota und Williams hatten eine Lücke im Reglement entdeckt, zwei Löcher in den Unterboden gestanzt und von dort in einen Diffusor über den Diffusor geleitet. Der erweiterte Expansionskanal produziert mehr Abtrieb. Pro Runde macht das zwischen vier und sechs Zehnteln aus. Als die FIA den Trick für legal erklärte, musste der Rest zähneknirschend nachlegen. Renault und Force India waren die schnellsten. Red Bull brauchte wegen des beschränkten Platzangebotes im Heck am längsten, doch als Adrian Newey seine Version des Doppeldiffusors präsentierte, da schlängelten sich vier Expansionskanäle übereinandergeschachtelt um die auf Zugstreben ausgelegte Hinterradaufhängung. Die ungünstigste Architektur im Heck in Bezug auf die Integration des mehrstöckigen Unterbodens fand Ferrari vor. Das Getriebe ist zu breit, die Querlenker der Hinterachse standen zu hoch. McLaren hatte eigentlich gute Rahmenbedingungen, doch beim MP4-24 fraß ein fundamentaler Fehler am Frontflügelkonzept sämtliche Fortschritte am Unterboden auf. Bis man draufkam, dass man die von den Frontflügelkanten verwirbelte Luft besser außen statt innen an den Vorderrädern vorbeileitet, um so den Diffusor optimal anströmen zu können.

Was früher der Entwicklungsschritt für ein Jahr war, brachten manche Teams von einem Rennen zum anderen. „Wir haben noch nie so viele Crashtests absolviert wie in diesem Jahr", verrät FIA-Chefkommissar Jo Bauer. Die Totaloperation am Red Bull RB5 vor Silverstone hat zwei Millionen Euro gekostet. Toro-Rosso veranschlagte für die Integration des Vierfachdiffusors nach Red-Bull-Vorbild eine Million Euro. Der Ferrari-Motor hat eine andere Architektur als Red Bulls Renault V8. Dazu mussten die Hydraulik, die Querlenker der Hinterachse, die Kühlung, der Auspuff und die neue Motorabdeckung verlegt werden. „Wollten wir nicht Geld sparen?", fragt Teamchef Franz Tost. Renault-Chefingenieur Pat Symonds widerspricht der Meinung, das Kopieren des Doppeldiffusors hätte mehr Geld gekostet: „Wir haben ein Aerodynamik-Budget, das deshalb nicht größer geworden ist. Was da ist, wird ausgegeben. Wir haben mehr Unterböden gebaut als sonst, dafür ein paar Flügel weniger." Pedro de la Rosa sieht im Testverbot einen weiteren Kostenfaktor. „Mit Testfahrten hätte McLaren weniger als drei Monate gebraucht, um herauszufinden, warum der Frontflügel nicht funktioniert."

Bei den Reifen haderten die Teams jedes Wochenende in unterschiedlicher Intensität mit den gleichen

F1-TECHNIK

Die Frontflügel waren Kunstwerke. McLarens Exemplar bestand aus fünf Elementen. Erst am Nürburgring funktionierte das Flügelprofil

Die Heckflügel schrumpften von 100 auf 75 Zentimeter Breite. Ferrari verwendete lange Endplatten, um die Luftführung zu optimieren

Der Doppeldiffusor wurde von der FIA für legal erklärt. Renault war eines der ersten Teams, das mit einem Nachbau aufwartete

Die Felgenabdeckungen nahmen die abenteuerlichsten Formen an. McLaren montierte eine Art Schnorchel auf die Radkappen

Weil der Modelljahrgang 2009 die Tendenz zum Übersteuern zeigte, wurden die Autos an der Vorderachse hart gefedert. Das führte dazu, dass die Autos am Kurvenein- und -ausgang oft das kurveninnere Rad in die Luft stellten

Problemen. Die weichen Reifen körnen, die harten heizen sich mühsam auf. Fahrer und Teams waren nie zufrieden. Das Theater um die Reifen ist hausgemacht. Bridgestone könnte als Monopolist auch Gummimischungen bereitstellen, die über einen breiten Temperaturbereich konstant Grip liefern, dafür in der Spitze etwas weniger. Nur würde dann kein Mensch mehr vom Reifen reden. Die Japaner stellten zwei Typen von Reifen hin. Die einen entwickelten optimalen Grip ab 25, die anderen ab 35 Grad. Aber nicht nur die Temperatur nahm auf das Gripverhalten Einfluss. Je mehr Gummi auf der Fahrbahn, desto mehr Haftung. Manche Autos reagierten darauf stärker, manche weniger. Bei Toyota war es extrem. „Für uns müsste der Grand Prix am Sonntag nach dem Rennen anfangen", verzweifelt Timo Glock. „Dann arbeiten unsere Reifen perfekt."

Die Reifen waren ein Buch mit sieben Siegeln. Das hat sich mit den Slicks nicht geändert. „Ich erkenne kein Muster, welche Reifen unter welchen Bedingungen zu unserem Auto passen", bedauerte Nick Heidfeld. „Es ist von Strecke zu Strecke, von Temperatur zu Temperatur verschieden." Die Angst, die weichen Reifen könnten im Rennen schon nach wenigen Runden einbrechen, legte sich schnell. Die Teams hatten ihre Lektion in Bezug auf die Haltbarkeit gelernt. Sie kochten die extraweichen Sohlen über Nacht acht Stunden lang bei 120 Grad in den Heizdecken. Das veränderte die Chemie und machte den Gummi um eine Stufe härter. Im Fachjargon heißt dieser Vorgang „Barbeque".

Für Renault-Ingenieur Pat Symonds liegen die schwankenden Qualitäten der Reifen auf der Hand. „Zu Zeiten des Reifenkriegs bekamen wir für jede Strecke maßgeschneiderte Reifen. Wir hatten in einer Saison 50 verschiedene Mischungen zur Auswahl. Der Einheitsreifen von heute ist eine Allzweckwaffe. Die vier Mischungen im Angebot müssen für alle 17 Strecken passen. Außerdem wird nicht mehr getestet. Weniger Kilometer, weniger Daten."

KERS schaffte völlig neue Bedingungen. In jeder Box der KERS-Teams stand ein Glaskasten, hinter dem die Batterien gewartet wurden. Dazu eine Notfallgruppe, die eingegriffen hätte, wäre es zu einem Unfall im Zusammenhang mit Starkstrom gekommen. Sobald am Antrieb gearbeitet wurde, durften nur die KERS-Mechaniker ans Auto. Alle Streckenposten wurden neu eingekleidet. Jeder bekam Stiefel und Handschuhe aus Gummi.

KERS wurde erst in der zweiten Saisonhälfte zum Joker. Das lag daran, dass die Teams, die sich für den Hybridantrieb entschieden hatten, zu Saisonbeginn Defizite bei ihren Autos beklagten. McLaren, Ferrari, BMW und Renault bezahlten dafür, dass sie Neuland betreten hatten. Die Kompromisse, die ihnen die Unterbringung der zwischen 25 (Mercedes) und 35 Kilogramm schweren (Renault) KERS-Elemente aufzwang, waren zu groß. Die Bremsbalance verschob sich nach vorn, je mehr die Batterien geladen waren. Das führte zum Blockieren der Vorderräder. Der höhere Schwerpunkt verstärkte die Tendenz der Autos, beim Hineinbremsen in Kurven und beim Herausbeschleunigen das kurveninnere Rad zu heben. Eine Folge der wegen der Tendenz zum Übersteuern auf hart getrimmten Vorderachse. Das Abstimmen des Autos auf die KERS-typische Fahrdynamik kostete zu viel Zeit. „Wir konnten am Freitag nie das ganze Programm abarbeiten", bedauerte Rampf.

KERS-Verfechter BMW stieg als erster aus der Hybridtechnologie aus. Renault legte sie neun Rennen auf Eis. Als das Konzept dann mit McLaren in Budapest und Ferrari in Spa endlich siegte, da dachte auch die Konkurrenz wieder über eine Nachrüstung nach. Ross Brawn bedauerte: „Wir haben diese Option nicht. Unser Auto ist zu schwer, um Kers an Bord zu nehmen." Es gab Kreise bei Red Bull, die diese Verzweiflungstat ins Kalkül gezogen hatten. Es wäre ein Eigentor gewesen, so spät in der Saison. „Wir hätten zwei Rennen gebraucht, um das Auto dafür zu optimieren", gab Sebastian Vettel zu bedenken.

GROSSER PREIS VON BRASILIEN

Barrichello kommt am besten weg, gefolgt von Webber, Sutil und Räikkönen. Vettel und Button sind im Mittelfeld versteckt

GROSSER PREIS VON BRASILIEN

Blindflug in der Qualifikation: Heidfeld und Sutil kämpfen Rad an Rad in den Wasserfluten von Sao Paulo.
Heidfeld scheidet in der ersten K.O.-Runde aus, Sutil beendet das Training als Dritter

Doppeltes Pech: Im Regentraining scheitert Heidfeld an der Trockenabstimmung seines Autos.
Im Rennen geht ihm der Sprit aus. Die Tankanlage hat nicht gefördert, weil Sensoren das Ventil sperrten

Sieger ohne Publikum: Webbers zweiter Saisonsieg geht im Trubel der WM-Feier von BrawnGP und Button unter. Der Australier führt das Rennen souverän 51 Runden lang an

Drei einsame Fußgänger: Nach der Karambolage in der ersten Runde kommen Trulli, Alonso und Sutil per pedes an die Boxen zurück. Der Abstand zeigt, dass die Stimmung unter den Dreien schlecht ist

GROSSER PREIS VON BRASILIEN

INTERLAGOS

Seit 2005 werden die Weltmeister in Brasilien gekürt. 2009 ist keine Ausnahme. Jenson Button reicht Platz fünf, um Weltmeister zu werden. Unglaublich, dass er trotz seiner Hamstertaktik in der zweiten Saisonhälfte nach dem 16. Rennen immer noch 15 Punkte Vorsprung hat. Auf Fragen, ob er ein würdiger Champion sei, lässt sich Button erst gar nicht ein: „Die Weltmeisterschaft geht über 17 Rennen. Da zählen auch meine sechs Siege in der ersten Saisonhälfte dazu." Die Aufholjagd des Engländers versöhnt seine Kritiker. „Ich fuhr das Rennen meines Lebens", lobt sich Button selbst. Mit dem Renntag hat das Zaudern ein Ende. Startplatz 14 ist ein erholsamer Schock. Button ändert seine Taktik. Eine unfallreiche erste Runde räumt einige Kandidaten vor ihm aus dem Weg, doch dann nimmt der zuvor so defensiv fahrende WM-Spitzenreiter das Heft selbst in die Hand. „Ich hatte den Topspeed zum Überholen, musste nur schauen, dass ich in den letzten drei Kurven vor der Zielgeraden an meinen Gegnern dranbleibe." Nur Debütant Kamui Kobayashi bietet 17 Runden lang Gegenwehr. „Der Kerl fuhr beim Bremsen kreuz und quer. Ich musste ein paar Mal zurückstecken, weil es echt knapp war", schüttelt Button den Kopf.

BrawnGP und Red Bull gehen angesichts der unsicheren Wetterlage kein Risiko ein. „Wir fahren einen Kompromiss, mit der Tendenz zum Trockenrennen", sagen die Teamchefs Ross Brawn und Christian Horner im Gleichklang. McLaren pokert mit wenig Bodenfreiheit und wenig Flügel und fliegt im Training voll auf die Nase. Heikki Kovalainen und Lewis Hamilton starten von den Positionen 16 und 17. „Du schwimmst dauernd auf, kriegst keine Reifentemperaturen, weil du zu langsam bist", klagt Kovalainen. Adrian Sutil macht das Gegenteil. Sein Regen-Setup bringt ihn auf Startplatz drei. Im Rennen muss er sich nicht lange darüber ärgern, dass sein Force India falsch abgestimmt ist. Nach fünf Kurven kollidiert er mit Jarno Trulli und Fernando Alonso. Trulli will Sutil an den Kragen. „Das gefährlichste Manöver, das ich je erlebt habe." Sutil gibt ungerührt zurück: „Ich kann nicht immer nachgeben, sonst bekomme ich nie Respekt."

Der Qualifikationsmarathon über 161 Minuten ist ein Krimi. Für zwei der drei Hauptdarsteller ist schon früh Feierabend. Sebastian Vettel findet in dem Dreirunden-Fenster, in dem weniger Wasser flottere Rundenzeiten erlaubt, keine freie Bahn. Die Red Bull fahren zu tief. Ein Millimeter mehr Bodenabstand durch höheren Luftdruck der Reifen, und beide Fahrer wären ohne Zittern durch die erste K.O.-Runde gekommen. Vettel fährt aus Ärger über Startplatz 15 sofort ins Hotel. Am Abend leistet er sich zum Frustabbau ein Essen beim teuersten Italiener der Stadt. Button geht es nicht besser. Zum dritten Mal in den letzten fünf Zeittrainings schafft er nicht den Sprung in die Top Ten. Das Auto untersteuert. Renningenieur Andrew Shovlin fragt seinen Fahrer, ob er einen neuen Reifensatz will, doch der bleibt lieber auf der sicheren Seite. „Wir hätten ihn überstimmen sollen", ärgert sich Ross Brawn. Button sitzt hinterher wie ein Häufchen Elend in seinem Ruheraum. „Als Rubens auch noch auf die Pole Position fuhr, fühlte ich mich krank." Der ehemalige Party-

»Ich glaube, es gibt da einen Fahrer bei BrawnGP, der heute mehr zu feiern hat als ich. Mit einem besseren Training wäre ein Sieg möglich gewesen, aber es sollte nicht sein. Jenson hat den Titel verdient«

Sebastian Vettel

löwe ertränkt seinen Ärger am Abend mit ein paar Gläsern Bier. Nur Rubens Barrichello macht im Training alles richtig. Er ruht in der Endphase dieser Meisterschaft in sich selbst. In den schwierigen Phasen merkt man, dass er schon 284 GP-Starts auf dem breiten Buckel hat. Barrichello traut trotz einer komfortablen Position im mittleren Qualifikationsabschnitt dem Frieden nicht und fordert wie Nico Rosberg Intermediates an. Die Ingenieure lehnen ab. Daraufhin entspinnt sich am Funk ein Wortduell. Rosbergs Zwischenbestzeit gibt Barrichello Recht. „Ich muss zugeben, dass Rubens bei solchen Entscheidungen mit seiner Routine öfter richtig liegt als unsere Techniker mit all ihren Computern", applaudiert der Teamchef.

In der ersten Runde spielen sich Wildwest-Szenen ab. Drei Kollisionen, ein Boxendrama. Kovalainen reißt den Tankschlauch mit, der auslaufende Sprit entzündet sich in einem Feuerball. Kimi Räikkönen, der nach einer Kollision mit Mark Webber einen neuen Frontflügel abholen muss, fährt voll durch. „Ich hatte das Visier halb auf. Das Zeug ist mir voll in die Augen." Der Ferrari-Pilot wird noch Sechster. Barrichello leidet. Er kommt vom Führungstrio als Erster an die Box und fällt dadurch auf Rang drei hinter Mark Webber und Robert Kubica. Da ist die Hoffnung auf den WM-Titel schon dahin. Button hat sich bereits in die Punkteränge vorgearbeitet. Ein schleichender Plattfuß gibt Rubens den Rest. „Ich habe alles getan und kann mir nichts vorwerfen", tröstet sich der Mann, der bei 17 Interlagos-Starts nur 15 WM-Punkte holt.

Die meisten Plätze gewinnen nicht Button und Vettel, sondern Lewis Hamilton. Der McLaren-Pilot fährt von Rang 17 auf drei vor. KERS ist in Interlagos ein echter Joker. Das liegt nicht nur an der 1180 Meter langen Vollgaspassage. Dem Elektroantrieb ist es egal, dass Interlagos auf 795 Meter Meereshöhe liegt. Er liefert immer 82 PS. Die Verbrennungsmotoren verlieren in der dünneren Luft 60 PS. Bei BMW darf endlich gefeiert werden. Robert Kubicas zweiter Platz hilft den Ingenieuren auf die Sprünge. Der Pole ist mit ganz wenig Abtrieb überraschend schnell. Die Psychologie fährt mit, ist BMW-Technikchef Willy Rampf überzeugt: „Robert fürchtete vor dem Rennen, dass die weichen Reifen nie 25 Runden lang halten. Am Ende gab es keine Probleme. Aber nur weil er Zweiter war. Als Zehnter hätte er bestimmt über die Reifen geschimpft."

Auf Regenreifen sieht Rosberg wie ein möglicher Sieger aus. Doch schon auf Intermediates ändert sich das Bild. Dem Williams FW31 fehlt plötzlich der Speed. „Das kann daran liegen, dass die Intermediates im Durchmesser zehn Millimeter kleiner sind und die Reifenschulter eine andere Kontur hat. Solche Kleinigkeiten spielen aerodynamisch eine große Rolle", erklärt Technikpapst Patrick Head. Er schärft Nico Rosberg und Kazuki Nakajima für das Rennen ein: „Ihr müsst in der letzten Kurve vor der langen Zielgeraden ein Polster von drei Zehntelsekunden auf eure Verfolger haben, sonst holen sie euch ein." Nach 30 Runden packt Williams zusammen. Rosberg parkt mit Getriebedefekt, Nakajima verschrottet sein Auto.

ALLE FAKTEN ZU DIESEM RENNEN AUF SEITE 203

GROSSER PREIS VON ABU DHABI

Rennen aus 1001er Nacht: Die Passage unter dem Yas-Hotel zählt zu den spektakulärsten Streckenabschnitten der teuersten GP-Strecke der Welt

GROSSER PREIS VON ABU DHABI

Start im Dämmerlicht: Der Trainingsschnellste Hamilton nutzt den Vorteil der Pole Position. Vettel biegt vor Webber in die erste Kurve. Der zweite Red Bull hat Feindkontakt mit Barrichellos BrawnGP

Einmalige Stimmung: Während die Sonne im Westen untergeht, kämpft Hamilton bereits mit Bremsproblemen. Vettel und Webber können dem McLaren-Mercedes mühelos folgen

Partystimmung am Yachthafen: Red Bull feiert zwei zweite Plätze. Vettel zementierte mit dem vierten Saisonsieg die Vize-Weltmeisterschaft. Red Bull wurde Zweiter im Konstrukteurspokal

Trotz Fahrerlagersperre zeigt sich Ron Dennis mit Hamilton, Teamchef Whitmarsh und den Teilhabern aus Bahrain in der Box

Hamilton und Räikkönen nehmen schon mal Kontakt auf. Die beiden könnten 2010 bei McLaren das Dreamteam abgeben

Ferrari-Chef di Montezemolo versucht vergeblich, Räikkönen zu grüßen. Seit der Kündigung ist der Finne auf den Ferrari-Boss sauer

Auch der fünfte Einsatz im Ferrari ist für Fisichella eine Enttäuschung. Der Römer zieht nach Platz 16 desillusioniert seine Kopfhaube ab

ABU DHABI

Sebastian Vettel versöhnt sich mit sich selbst. Der vierte Saisonsieg lässt ihn den Ärger vergessen, dass er nicht Weltmeister geworden ist. Es ist eine makellose Fahrt zum Sieg. Sein einziger Gegner Lewis Hamilton parkt am Ende der 20. Runde in der McLaren-Garage. Rechts hinten hat sich die Bremsscheibe von 28 auf 23 Millimeter verringert. Das entspricht dem vorausberechneten Verschleiß über 55 Runden. Eine Untersuchung ergibt aber, dass die Brembo-Scheibe nicht über ihre gesamte Dicke die gleiche Konsistenz hat. Es ist nicht der Tag von McLaren. Bei Heikki Kovalainen streikt im Training das Getriebe und im Rennen der Hybridantrieb. Trotz der Nullrunde reicht es für McLaren-Mercedes noch zu Platz drei im Konstrukteurspokal. Konkurrent Ferrari geht ebenfalls leer aus. Vier Millionen Dollar mehr aus der Schatulle von Bernie Ecclestone in die Kriegskasse von McLaren und Balsam auf die Wunden, die eine schwache erste Saisonhälfte geschlagen hat.

Vettel verabschiedet sich mit einem Sieg, einer schnellsten Rennrunde und 39 Führungsrunden in den Winter, der ihm viele PR-Auftritte bringt. Wer für Red Bull fährt, wird nach der Saison wie ein Wanderpokal umhergereicht. Erst „Wetten, dass...", dann ZDF-Sportstudio, dann „Menschen 2009" bei RTL. Bei dem Heppenheimer hat die Hysterie fast schon Ausmaße der goldenen Schumacher-Zeiten erreicht.

Mark Webber ist ebenfalls zufrieden, auch wenn die Niederlage gegen den Teamkollegen empfindlich ausfällt. „Nach meinem Beinbruch letzten Winter hätte diese Saison viel schlechter für mich ausgehen können", resümiert der zweifache Saisonsieger. Er rettet den zweiten Platz in der lauen Nacht von Abu Dhabi mit viel Geschick gegen den anstürmenden Jenson Button über die Runden. „Ich wusste, dass mich Jenson nur an zwei Stellen packen kann, und an denen habe ich mich genau auf die Bremspunkte konzentriert."

Button stellt im Schlussabschnitt fest, dass er besser öfter mit der weichen Reifenmischung gefahren wäre, und Webber ist froh, dass er die weichen Gummis nur 15 Runden lang ertragen muss. „Ich mag es nicht, wenn die Lauffläche so schwammig ist. Dann fehlt mir das Vertrauen."

Rubens Barrichello festigt mit einem vierten Platz seinen dritten WM-Rang. Der Brasilianer bringt sich in der ersten Kurve um ein besseres Ergebnis. Bei einem Kontakt mit Webbers Red Bull fliegt dem Frontflügel des BrawnGP der rechte Flap davon. Der Brasilianer glaubt, dass er an die Boxen muss, doch der Kommandostand beruhigt ihn: „Fahr einfach weiter."

Der Yas Marina Circuit, der im Profil wie ein Revolver aussieht, ist wie gemalt für McLaren-Mercedes. Das erklärt den eklatanten Trainingsvorsprung von Lewis Hamilton. Es gibt nur drei schnelle Kurven, und die gehen auch für Autos mit problematischer Aerodynamik ohne Probleme voll. Der Rest besteht aus Geraden, Schikanen und rechtwinkeligen Ecken, in denen die Silberpfeile den PS-Vorteil des Mercedes-Motors, den KERS-Bonus und ihr exzellentes Fahrwerk ausspielen können. „Der McLaren ist mechanisch das beste

»Im nächsten Jahr werden Ferrari und McLaren wieder an die Spitze zurückkehren. Zusammen mit BrawnGP und Red Bull werden dann vier Teams um die Weltmeisterschaft kämpfen. Das gab es noch nie«

Jenson Button

Auto. Keiner kann so über die Randsteine drüberfahren wie Hamilton", bedauert Vettel. Angesichts der Überlegenheit von 0,667 Sekunden hätte McLaren seinem Starpiloten beim Start ruhig 15 Kilogramm mehr Benzin mit auf den Weg geben können, und Hamilton wäre immer noch auf der Pole Position gestanden. Vettel kann zwei Runden länger fahren und kommt durch den späteren Boxenstopp an dem Silberpfeil vorbei. Die ganze Rechnerei ist nach Hamiltons Ausfall akademisch.

Ferrari und Renault haben in den letzten Rennen dafür bezahlt, dass die Fahrzeugentwicklung seit dem Nürburgring praktisch eingestellt wurde. „Es fehlt an allem", klagt der alte Renault- und neue Ferrari-Pilot Fernando Alonso. „Zu wenig Leistung, zu wenig Abtrieb." Der Spanier fällt zum ersten Mal in seiner Karriere bereits in der ersten K.O.-Runde des Trainings durch den Rost und spielt auch im Rennen keine Rolle. Platz 14 mit einer Einstopptaktik ist für einen Doppelweltmeister eine Bankrotterklärung.

Ferrari-Teamchef Stefano Domenicali hofft, dass die frühe Konzentration auf das nächstjährige Auto sich genauso auszahlt wie bei BrawnGP in diesem Jahr. An eine Wiederholung der goldenen Schumacher-Ära glaubt Domenicali nicht mehr. Er führt nicht nur technische Gründe an, warum der Rennstall aus Maranello abgerutscht ist. „Wer es gewohnt war, 90 000 Kilometer im Jahr zu testen, hat Probleme sich umzustellen. Jetzt testen wir nur noch 15 000 Kilometer. Wir mussten unsere ganze Arbeitsmethodik umstellen."

BMW verabschiedet sich mit einem fünften Platz von Nick Heidfeld aus der Formel 1. Er bringt die Aussteiger auf den letzten Drücker noch an Williams vorbei auf Platz sechs. Robert Kubica fällt aus den Punkterängen, weil er nach seinen zwei Tankstopps jeweils unglücklich in Verkehr gerät. Sein Motor fährt das vierte Rennen am Stück. Die Uhr steht auf knapp 2000 Kilometern.

In den Abschied mischt sich die Unsicherheit, wie es weitergeht. Der neue Besitzer Qadbak bleibt anonym, und am Tag des letzten Grand Prix hat der Schweizer Rennstall immer noch keine Startgenehmigung für 2010. Die Hängepartie hinterlässt ihre Spuren im Team. Man hört, es wird alles gut, aber keiner gibt eine Garantie. Neben Jobangst kommt die Frage dazu, ob das Budget für eine Saison im Mittelfeld oder an der Spitze reicht. Auch bei Toyota wird gezittert, als die Container im Fahrerlager von Abu Dhabi zusammengepackt werden. Würde der starke Schlussspurt reichen, den Vorstand in Tokio zum Weitermachen zu animieren? Die Antwort: nein. Drei Tage nach dem Rennen ziehen die Bosse die Reißleine – keine Formel 1 mehr.

Übrigens, das Märchen im Morgenland hat die Macher in Abu Dhabi samt Rennstrecke, Yachthafen und Yas-Hotel 1,1 Milliarden Dollar gekostet. Zur Einordnung: Die ebenfalls imposanten Anlagen von Bahrain und Shanghai verschlangen ungefähr die Hälfte. Trotz allem Prunk kann man dem Yas Marina Circuit ein gewisses Flair nicht absprechen. Es gibt seelenlosere Retortenpisten als das Disneyland am Arabischen Golf.

ALLE FAKTEN ZU DIESEM RENNEN AUF SEITE 204

DAS FAVORITENSTERBEN

Die Topteams der letzten Jahre strauchelten. Nach einer peinlichen ersten Saisonhälfte kämpften sich McLaren und Ferrari zurück. Renault dagegen fiel hauptsächlich durch Skandale auf

HOCHMUT KOMMT VOR DEM FALL

Vielleicht war die Saison 2009 der Beginn einer Revolution in der Formel 1. Die klassischen Rennteams zeigten den Herstellern die lange Nase. Improvisation schlug prozessgesteuerte Entwicklung. Nach der Totalreform des technischen Reglements war so viel neu, dass die Computersimulationen der großen Teams versagten. „Vorher haben alle ein vier Jahre altes Konzept optimiert", erklärt Red-Bull-Chefdesigner Adrian Newey. „Wer die nötigen Werkzeuge und genügend Leute hatte, der bewegte sich bei der Detailarbeit schneller voran." Der Neubeginn verlangte aber andere Qualitäten. Newey: „Da waren Erfahrung und Intuition gefragt."

Ferrari, McLaren-Mercedes und Renault wähnten sich beim Saisonstart im falschen Film. Die Weltmeister der letzten elf Jahre waren plötzlich nur noch Komparsen. BrawnGP und Red Bull gaben den Ton an. Oft war auch Williams besser, und im letzten Saisondrittel blamierte selbst Force India das Establishment. Der Formel 1-Streit diente den Werksteams drei Monate lang als wunderbares Ablenkungsmanöver. Er rettete die entzauberten Werksteams aber nicht über die Saison hinweg. Als mit der Unterschrift unter das Concorde-Abkommen Ruhe einkehrte, mussten neue Ausreden her. Ferrari kritisierte die Grauzonen des Reglements, als ob es die nicht schon immer gegeben hätte, und wenn

DAS FAVORITENSTERBEN

Wilder Hamilton: McLaren wurde in der zweiten Saisonhälfte zu einem Siegkandidat

Wachablösung: Ron Dennis (rechts) wurde auf Befehl der FIA aus dem Fahrerlager verbannt. Seinen Job übernahm Martin Whitmarsh

Der Sieg von Hamilton in Budapest hatte historische Dimension: Zum ersten Mal gewann ein Auto mit Hybridantrieb

wir uns richtig erinnern, dann hatte gerade Ferrari davon profitiert. Beispiele gefällig? Die Leitblech-Affäre 1999, das Verbot des Massedämpfers 2006. Der Doppeldiffusor war eine schlechte Entschuldigung dafür, dass es bei der besseren Gesellschaft nicht lief. Red Bull kam mit einem konventionellen Diffusor gut zurecht, und auch bei der Nachrüstung hatte Red Bull die Integration des mehrstöckigen Unterbodens besser hingekriegt. Dabei fanden die Ingenieure von Ferrari, Renault und McLaren im Heck günstigere Bedingungen vor als Adrian Newey.

Auch KERS wurde schnell zur beliebten Ausrede für Versäumnisse. Der Hybridantrieb zwang den Konstrukteuren Kompromisse auf, doch so schwerwiegend können sie nicht gewesen sein, denn in der zweiten Saisonhälfte gewannen McLaren und Ferrari dank KERS. Das zeigt: Der Fehler lag im Auto. Ferrari-Technikchef Aldo Costa gibt zu: „Wir waren beim Design des Autos nicht frech genug." Präsident Luca di Montezemolo schwächte sein Team durch Fehlentscheidungen. Er legte sich mit der FIA an, verwendete mehr Energien auf die Teamvereinigung FOTA als auf die Lösung interner Probleme, spielte sich als Retter der Formel 1 auf. Das Chaos mit den Fahrern war hausgemacht. Als Massa-Ersatz wurden Schumacher, Badoer, Fisichella und Kubica verheizt. Kubica sagte ab, weil Ferrari ihm keine langfristige Perspektive gab.

Auch McLaren schwächte sich auf dem politischen Parkett. Die Lügenaffäre von Melbourne endete nur nicht mit dem Ausschluss von der WM, weil Ron Dennis abdankte und eine zweijährige Verbannung

Räikkönen erlöste Ferrari in Spa vom Trauma einer sieglosen Saison. Der Finne schlug Fisichella dank KERS

Für Massa war die Saison in Budapest beendet. Ein bizarrer Unfall setzte ihn bis zum Saisonende matt

Der Ferrari F60 hatte aerodynamische Defizite. Eine der besten Leistungen zeigten die Roten in Monte Carlo

aus dem Fahrerlager akzeptierte. Sein Nachfolger Martin Whitmarsh gab dem Team ein neues Image. Es kommt jetzt freundlicher und offener daher. In der Separatistenbewegung der Teams intonierte Whitmarsh eher leise Töne. Er wollte es sich nicht wieder mit der FIA verscherzen.

Der Klotz am Bein war das Auto. Dem MP4-24 fehlten zu Saisonbeginn zweieinhalb Sekunden auf die Spitze. „Wir sind von den falschen Werten ausgegangen. Nach unserer Berechnung standen wir mit 80 Prozent des letztjährigen Abtriebs gut da. Leider kamen BrawnGP und Red Bull auf 90 Prozent." Die Nachrüstung lief zäh an. Es dauerte bis zum Nürburgring, ehe bei den Ingenieuren der Groschen fiel. Der McLaren dirigierte als einziges Auto die Frontflügelturbulenzen innerhalb der Vorderräder vorbei.

Das beeinträchtigte die Strömung unter das Auto. „Alles, was wir hinten geändert haben, brachte keinen Erfolg. Der Fehler lag vorne", bilanzierte Testpilot Pedro de la Rosa. Kaum folgte McLaren mit dem Frontflügel dem Trend der anderen, war das Auto wie verwandelt. Der runderneuerte MP4-24 gewann seinen zweiten Einsatz.

In Valencia sollte ein um sieben Zentimeter verkürzter Radstand einen weiteren Quantensprung bringen, doch der Schuss ging nach hinten los. Trotz des zweiten Platzes von Lewis Hamilton in Valencia blieben Zweifel. Das Auto zeigte zwar ein spontaneres Einlenkverhalten, neigte aber auch zum Übersteuern. Eigentlich sollte der kurze Radstand genau das verhindern. Offenbar bilden sich hinter den Vorderrädern Turbulenzen, die die Anströmung

DAS FAVORITENSTERBEN

Nach der Entlassung von Piquet versuchte es Renault mit Grosjean

Briatore wurde als Rädelsführer beim getürkten GP Singapur lebenslang gesperrt. Webber muss sich einen neuen Manager suchen

Piquet junior sorgte mit seiner Beichte zur Manipulation des GP Singapur 2008 für den Skandal des Jahres. Er flog aus dem Team

des Hecks beeinträchtigen. Schnelle Kurven waren nicht das Revier der Silberpfeile. Heikki Kovalainen erklärt: „Das lag nicht nur an der Aerodynamik. Unser Auto hat im Vergleich zur Konkurrenz einen höheren Schwerpunkt. Ich spürte in den schnellen Kurven keinen gleichbleibenden Grip."

Während Ferrari und McLaren-Mercedes im Verlauf der Saison erfolgreich Schadensbegrenzung betrieben, blieb Renault im Mittelfeld hängen. Der von Fernando Alonso immer wieder beschworene Sprung an die Spitze fand nicht statt. „Dem Auto fehlen vier Zehntel", bedauerte der Spanier. Um sich voll auf den R29 zu konzentrieren, schworen die Techniker schon ab Barcelona KERS ab. Als auch ein Totalumbau vor dem GP Deutschland nichts half, stellte Renault wie Ferrari die Weiterentwicklung ein.

Das Weltmeisterteam von 2005 und 2006 produzierte danach andere Schlagzeilen. Zur Sprache kam einer der größten Skandale in der Geschichte der Formel 1. Alles begann mit der vorzeitigen Entlassung von Nelson Piquet. Der Brasilianer stand nach dem GP Ungarn mit null Punkten da und wurde durch Briatore-Günstling Romain Grosjean ersetzt. „Nelson ist sicher kein Alonso, aber schnell genug, um sich ein Formel 1-Ticket zu verdienen", urteilt ein Ingenieur. „Nelsons Problem saß immer im Kopf. Flavio führte das Team nach dem Prinzip: Wer Druck nicht aushalten kann, hat hier nichts verloren. Für Piquet war das die falsche Behandlung." Briatore brummte: „Ich erkenne bei ihm keine Steigerung." Sein Fahrer protestiert: „Als mein Manager sollte mich Flavio eigentlich aufbauen. Aber er tut das Gegenteil."

Götterdämmerung: Ferrari schob die enttäuschende Saison auf die konfuse Regelfindung der FIA. Tatsächlich war die Krise hausgemacht. Maranello hatte wichtige Trends verschlafen

Piquet senior hielt Renault vor, dass nicht mit gleichen Maßstäben gemessen wurde. Bei den Rennen in Shanghai, Barcelona, Istanbul und am Nürburgring bekam Alonso exclusiv die Neuentwicklungen. „Ehrlich gerechnet hat Alonso drei, Nelsinho null Punkte. Aber ein leistungsbezogener Vergleich ist nur bei Gleichbehandlung möglich." An Renault konnte sich Piquet nicht wenden. Die Fahrer im Team sind bei Briatore angestellt.

Die Entlassung kam Briatore teuer zu stehen. Der Piquet-Clan beichtete FIA-Präsident Max Mosley, dass Nelsinho in Singapur 2008 auf Befehl des Teams einen Unfall inszeniert hatte, um Alonso dank der so provozierten SafetyCar-Phase zum Sieg zu verhelfen. Die Strafen waren drakonisch. Lebenslange Sperre für Briatore, fünf Jahre Berufsverbot für Chefingenieur Pat Symonds. Dem Kronzeugen Piquet wurde Immunität zugesichert, doch er war jetzt beim Rest der Formel 1-Familie unten durch. „Ich muss keinen Respekt vor einem haben, der sein Auto absichtlich in die Wand fährt", spottete Jenson Button. Die Formel 1 vergisst schnell. Michael Schumacher hat einmal sein Auto in der Rascasse-Kurve von Monte Carlo geparkt und so ein Qualifikationsergebnis verfälscht. Auch das war im weitesten Sinne Manipulation. Lewis Hamilton hat in Melbourne die Sportkommissare angelogen, „weil mich mein Team instruierte, gewisse Sachen zu verschweigen". Hamilton wusste, dass er damit Jarno Trulli den dritten Platz stehlen würde. Piquet senior schiebt hinterher: „Senna wurde 1990 Weltmeister, weil er absichtlich Prost abgeschossen hat."

GP2-SERIE

DER DRITTE MANN

Die GP2-Serie hat wieder einen Star. Einen, der das Sprungbrett zur Formel 1 im ersten Anlauf nahm. So wie Nico Rosberg und Lewis Hamilton in den Jahren 2005 und 2006. Nico Hülkenberg war nicht auf die Rolle des Hauptdarstellers programmiert. Das sollte Renault-Liebling

Feuerzauber: Der Vierliter-Renault-V8 mit seinen 600 PS verbrennt den Kraftstoff nur unvollständig. Die SuperNova-Piloten Filippi und Villa betätigten sich als Flammenwerfer

Romain Grosjean werden. Doch der haushohe Meisterschaftsfavorit erfüllte die Erwartungen nur in den ersten Saisonrennen. Dann flachte die Leistungskurve ab. Bevor der Verdacht aufkommen konnte, der Genfer mit der französischen Lizenz sei vielleicht doch nicht das überragende Talent, zog ihn Flavio Briatore aus der GP2-Serie ab und installierte ihn als Piquet-Ersatz im Renault Formel 1-Team. Grosjean konnte auch eine Stufe höher nicht überzeugen. Der Sohn eines Anwalts, der trotz seiner Rennaktivitäten unter der Woche weiterhin hinter einem Bankschalter saß, machte wie in der GP2 vor allem durch seine

GP2-SERIE

Mühsamer Anfang: Beim GP2-Saisonstart in Barcelona ging Hülkenberg in beiden Rennen leer aus. Das ist ihm später nur noch bei den Sprintrennen von Budapest und Spa passiert

Immer im Griff: Hülkenberg zeigte ART-Teamkollegen Maldonado (im Hintergrund) regelmäßig den Auspuff. Er holte 64 Punkte mehr

Land unter: Ein Wolkenbruch machte das Hauptrennen in Monza zur gefährlichen Wasserschlacht. Die Sicht in der Gischt war gleich Null

Verdienter Meister: Hülkenberg gewann in seinem ersten GP2-Jahr fünf Rennen. Darunter auch den Sprint von Valencia

Kollisionen auf sich aufmerksam. In den ersten drei Grand Prix kam es jeweils in der ersten Runde zu Feindberührungen.

Nico Hülkenberg ist bereits der dritte Deutsche, der in der GP2-Serie triumphiert. 2005 gewann Nico Rosberg den Auftakt der neu formierten Meisterschaft. 2007 schloss Timo Glock die Showbühne vor den Augen der Formel 1-Bosse mit dem Titel ab. Dass mit Grosjean der ganz große Konkurrent bei den letzten acht Rennen fehlte, tut der Leistung von Hülkenberg keinen Abbruch. Der Blondschopf aus Emmerich führte die Rangliste schon an, da war Grosjean noch dabei. Fünf Siege sprechen eine klare Sprache. Hülkenberg dominierte ab dem Heimrennen am Nürburgring das Geschehen.

Der Anfang war ein bisschen zäh, aber anders hat das der Schützling von Schumacher-Manager Willi Weber auch nicht erwartet. „Es ist schon ein gehöriger Sprung von der Formel 3 in die GP2. Statt 210 PS gibt es plötzlich um die 600. Die Autos sind schwerer, dafür aber auch träger. Du fährst mit 95 Kilogramm Sprit los, bist am Start schwerer als ein Formel 1-Auto, hast aber nicht annähernd den Abtrieb. Und du musst dich in die Abstimmung des Autos völlig neu reinarbeiten." Hülkenberg gibt zu, dass er anfangs nicht gerade ein Fan der GP2 war. „Bei schnellen Richtungsänderungen hat es im Formel 3 mehr Spaß gemacht. Dafür geht es auf der Geraden richtig ab." In Monza wurden die schnellsten mit 332 km/h gestoppt.

Die ersten Rennen waren für den Williams-Testpiloten eine Lehrstunde. Es ging gleich mal mit zwei Nullrunden in Barcelona los. Das Barwa-Addax-Team, das im letzten Jahr noch Campos hieß, fuhr der Konkurrenz so deutlich um die Ohren, dass Kritiker dahinter bereits eine krumme Tour vermuteten. Hülkenberg glaubt nicht daran. „Die haben einfach früh erkannt, wie man das Auto einstellen musste, damit es im Rennen nicht die Hinterreifen frisst. Wir haben uns auf viele Verzweiflungsaktionen eingelassen, und der Schuss ging nach hinten los." Bridgestone hatte über den Winter weichere Mischungen eingeführt, in der Hoffnung, die Rennen um einen Unsicherheitsfaktor zu bereichern. Wer sie zu hart rannahm, erntete Körnen. Bei Hitze ließ der Grip schnell nach. Da waren Fingerspitzengefühl und eine gute Abstimmung gefragt. „Hauptsächlich Gewichtsverteilung, Flügeleinstellung und Differenzial", verrät der neue Meister und fügt hinzu: „Ich habe meinen Fahrstil den Anforderungen angepasst."

Das Funktionieren der Reifen brachte zunächst einmal eines: die Rundenzeiten näherten sich der Formel 1 weiter an. In Monte Carlo fehlten dem Trainingsschnellsten Grosjean mit 1.19,498 gerade mal 4,5 Sekunden auf Jenson Buttons Pole Position. Auf dem 5,4 Kilometer langen Kurs von Valencia trennten GP2-Mann Hülkenberg 5,6 Sekunden von der Formel 1-Bestzeit von Lewis Hamilton. Der Umschwung für Hülkenberg kam ausgerechnet bei seinem Heimrennen am Nürburgring. „Ab da wuchs ich mit dem Auto so richtig zusammen. Gleichzeitig hatten wir auch den Erfahrungsvorsprung von Grosjean und Petrov wettgemacht." ART-Teamkollege Pastor Maldonado brachte gegen seinen deutschen Teamkollegen kein Bein auf den Boden. Nicht einmal auf seiner Spezialstrecke Monaco konnte der Venezolaner gewinnen. Platz sechs in der Meisterschaft mit 36 Punkten ist eine Enttäuschung.

Hülkenberg krönte sich bereits beim Sprintrennen in Monza zum Meister. Da hatte er nur noch Vitaly Petrov zu fürchten. Doch der Russe wurde im Hauptrennen durch einen schlecht getimten Boxenstopp von seiner Crew um den Sieg betrogen. Im Sprint besorgte ein Ritt durchs Kiesbett der Lesmokurve den Rest. Der 25-jährige Russe, der aus der Stadt Vyborg nahe der finnischen Grenze stammt, fuhr 2009 bereits seine vierte GP2-Saison. „Petrov ist ein Arbeitstier, er hat unheimlich viel Ehrgeiz. Ich habe großen Respekt vor ihm", lobt Hülkenberg. Mit zwei Saisonsiegen war Petrov nach dem Champion

GP2-SERIE

Frühform: Der Start in Monaco spiegelt das Bild der ersten Saisonrennen wider. Die Barwa-Addax-Piloten Grosjean und Petrov biegen vor Hülkenberg in die Ste.-Dévote-Kurve ein

Brasilianischer Jubel: Piquet jubelt mit Silverstone-Sieger Valerio. Der Brasilianer fährt bei PiquetSports, dem Ex-Team von Piquet senior

Halbzeit-Meister: Grosjean (links) gewann in Barcelona und Monte Carlo, Teamkollege Petrov in Istanbul und Valencia

Start in Istanbul: Hülkenberg geht in Führung, muss später aber wegen Reifenproblemen Federn lassen

Altmeister: di Grassi nahm zum dritten Mal Anlauf. Der Racing-Engineering-Pilot wurde in der Endabrechnung Dritter

der zweiterfolgreichste Fahrer. Er ist auch als Vizemeister ein heißer Tipp auf ein Formel 1-Cockpit für 2009. Der Barwa-Addax-Pilot, dessen Vater Chef der russischen Zollbehörde ist, hätte bei einem Aufstieg in die Königsklasse bis zu 15 Millionen Euro Mitgift im Gepäck.

Ansonsten konnte sich im Feld der jungen Wilden kaum einer in den Vordergrund fahren. Giedo van der Garde blühte erst im letzten Saisondrittel mit drei Siegen richtig auf. „Wir haben in den ersten Rennen einfach zu viele Punkte liegen lassen", ärgerte sich der 24-jährige Niederländer. Der Mexikaner Sergio Pérez zeigte gute Ansätze, auch wenn der Punktestand nicht sofort darauf schließen lässt. Pérez belegte mit 22 Zählern Rang 12. „Aber der ist schnell", warnt Hülkenberg. Die alten Schlachtrösser Lucas di Grassi, Luca Filippi, Alvaro Parente und Andreas Zuber konnten ihre Erfahrung nur selten in die Waagschale werfen. Vielleicht lag es ja auch an den Teams, für die sie fuhren. Zuber suchte im Ex-Fisichella-Team FMS eine Zuflucht. Das musste sich für die letzten drei Rennen einen neuen Namen suchen, weil der Gerichtsvollzieher vor der Tür stand. Di Grassi sammelte wie gehabt fleißig Punkte. Sein Rennstall Racing Engineering hat wie SuperNova auch schon bessere Tage gesehen. Erstaunlich war die Entwicklung des portugiesischen Ocean-Racing-Teams. Der Rennstall von Ex-Pilot Tiago Monteiro wurde in Spa mit einem Sieg belohnt.

Ansonsten bot die GP2-Serie ausnehmend viel Schrott. „Die fahren wie die Bekloppten", wunderte sich Ex-Champion Timo Glock beim Betrachten der Rennbilder in Monza. Insgesamt rückte das Safety-Car in dieser Saison 17 Mal aus. Spitzenreiter in der Crashparade waren Dani Clos und Michael Herck. Die beiden steckten fast in jeder Kollision mittendrin. Drei Unfälle hätten ein böses Ende nehmen können. Romain Grosjean war in Monte Carlo über das Heck von Zubers Dallara geklettert und landete kopfüber in den Zäunen. Stefano Coletti feuerte sein Auto in der Eau Rouge ungebremst in den Reifenstapel und kam mit Prellungen glimpflich davon. Und Dani Clos schulterte seinen Dallara in der Lesmokurve von Monza.

GP 2-GESAMTKLASSEMENT: HÜLKENBERG AUF ANHIEB CHAMPION*

Fahrer	BCN 1	BCN 2	MON 1	MON 2	IST 1	IST 2	SIL 1	SIL 2	NÜR 1	NÜR 2	BUD 1	BUD 2	VAL 1	VAL 2	SPA 1	SPA 2	MNZ 1	MNZ 2	POR 1	POR 2	Punkte
Nico **Hülkenberg**	-	-	4	4	●6	3	●7	2	●●13	●7	●11	-	●●11	●7	8	-	3	4	10	-	100
Vitaly **Petrov**	8	-	8	●2	●11	4	-	-	5	3	-	-	10	4	-	1	●10	2	●7	-	75
Lucas **di Grassi**	-	-	5	3	1	●7	8	-	2	-	●10	4	-	-	6	-	6	5	6	-	63
Romain **Grosjean**	●●13	5	●●13	-	-	-	●6	3	-	2	-	3	-	-	-	-	-	-	-	-	45
Luca **Filippi**	5	-	-	-	8	-	-	-	-	-	3	●6	2	-	-	-	-	-	●9	●7	40
Pastor **Maldonado**	4	1	1	6	3	2	2	●7	-	-	5	-	-	-	5	-	-	-	-	-	36
Giedo **van der Garde**	2	3	-	-	-	-	-	-	-	-	2	6	-	-	3	6	10	1	-	1	34
Alvaro **Parente**	-	-	-	-	-	-	-	-	3	5	-	1	5	-	●●13	-	-	-	-	3	30
Jérôme **d'Ambrosio**	6	4	3	5	-	-	-	-	-	-	-	-	-	3	-	-	5	3	-	-	29
Javier **Villa**	-	-	-	-	2	5	-	-	4	1	6	2	-	-	-	-	2	-	-	5	27
Roldán **Rodriguez**	-	-	-	-	-	-	8	-	-	-	4	-	4	5	-	-	4	-	-	-	25
Sergio **Pérez**	-	-	-	-	-	-	5	1	1	-	-	-	6	5	-	●4	-	-	-	-	22
Andreas **Zuber**	-	-	6	2	-	-	1	5	6	-	-	-	-	-	-	-	-	-	1	-	21
Edoardo **Mortara**	3	●7	-	-	-	-	-	-	-	-	-	-	3	-	1	-	●5	-	-	-	19
Alberto **Valerio**	-	-	-	-	5	1	10	-	-	-	-	-	-	-	-	-	-	-	-	-	16
Kamui **Kobayashi**	1	2	-	-	-	-	-	-	4	-	-	-	1	-	2	-	-	3	-	-	13
Davide **Valsecchi**	-	-	-	-	6	-	-	-	-	-	4	-	-	-	-	-	-	2	-	-	12
Karun **Chandhok**	-	-	2	-	-	-	3	4	-	-	-	-	-	1	-	-	-	-	-	-	10
Luis **Razia**	-	-	-	-	-	-	-	-	-	-	-	-	-	-	-	-	1	●7	-	-	8
Diego **Nunes**	-	-	-	-	-	-	-	-	-	-	-	-	2	-	4	-	-	-	-	2	8
Dani **Clos**	-	-	-	-	-	-	-	-	-	-	-	-	-	-	-	-	-	-	4	-	4
Davide **Rigon**	-	-	-	-	-	-	-	-	1	-	-	-	-	-	2	-	-	-	-	-	3

* Punkteverteilung Hauptrennen: 10-8-6-5-4-3-2-1, Sprintrennen: 6-5-4-3-2-1; ● Pole Position = 2 Punkte, ● Schnellste Runde = 1 Punkt

GRAND PRIX VON AUSTRALIEN

1. Lauf zur Formel 1-WM am 29. März in Melbourne

RENNDATEN

- Streckenlänge: 5,303 km
- Runden: 58
- Gesamtdistanz: 307,574 km
- Zuschauer: 224 000 (FR-SO) 105 000 (SO)
- Lufttemperatur: 22 °C
- Asphalttemperatur: 32 °C

„Sebastian nahm in Kurve drei eine weite Linie und bremste früh. Dann bekam er Untersteuern und rutschte in mein Auto. Ich fuhr über meinen Frontflügel und flog ab"
Robert Kubica

STRECKENDATEN

- Topspeed Qualifikation: 308,7 km/h (Buemi)
- Topspeed Rennen: 308,5 km/h (Sutil)
- Speed schnellste Kurve: 237,0 km/h (3)*
- Speed langsamste Kurve: 78,2 km/h (12)
- Gangwechsel pro Runde: 56
- SafetyCar: 2 für 9 Runden
- Volllastanteil: 63 % (680 m = 9,3 s)
- Spritverbrauch/Runde: 3,1 Liter
- Tankstrategie Sieger: 2 Stopps (19/47)
- Gripniveau Asphalt: niedrig
- Abtriebslevel: hoch (8 von 10)
- Bremsenverschleiß: hoch
- Reifenverschleiß: mittel

Daten: BMW-Sauber, *Nummer Kurve

STARTAUFSTELLUNG

1	Jenson Button	㉒	GB
	BrawnGP-Mercedes, 664,5 kg*, 1.26,202 min		
2	Rubens Barrichello	㉓	BR
	BrawnGP-Mercedes, 666,5 kg, 1.26,505 min		
3	Sebastian Vettel	⑮	D
	Red Bull-Renault, 657,0 kg, 1.26,830 min		
4	Robert Kubica	⑤	PL
	BMW, 650,0 kg, 1.26,914 min		
5	Nico Rosberg	⑯	D
	Williams-Toyota, 657,0 kg, 1.26,973 min		
6	Felipe Massa	③	BR
	Ferrari, 654,0 kg, 1.27,033 min		
7	Kimi Räikkönen	④	FIN
	Ferrari, 655,5 kg, 1.27,163 min		
8	Mark Webber	⑭	AUS
	Red Bull-Renault, 662,0 kg, 1.27,246 min		
9	Nick Heidfeld	⑥	D
	BMW, 691,5 kg, 1.25,504 min		
10	Fernando Alonso	⑦	E
	Renault, 680,7 kg, 1.25,605 min		
11	Kazuki Nakajima	⑰	J
	Williams-Toyota, 685,3 kg, 1.25,607 min		
12	Heikki Kovalainen	②	FIN
	McLaren-Mercedes, 690,6 kg, 1.25,726 min		
13	Sebastién Buemi	⑫	CH
	ToroRosso-Ferrari, 765,2 kg, 1.26,503 min		
14	Nelson Piquet	⑧	BR
	Renault, 694,1 kg, 1.26,598 min		
15	Giancarlo Fisichella	㉑	I
	Force India-Mercedes, 689,0 kg, 1.26,677 min		
16	Adrian Sutil	⑳	D
	Force India-Mercedes, 684,5 kg, 1.26,742 min		
17	Sebastién Bourdais	⑪	F
	ToroRosso-Ferrari, 662,5 kg, 1.26,964 min		
18	Lewis Hamilton	①	GB***
	McLaren-Mercedes, 655,0 kg, 1.26,454 min		
19	Jarno Trulli	⑨	I**
	Toyota, 660,0 kg, 1.27,127 min		
20	Timo Glock	⑩	D**
	Toyota, 670,0 kg, 1.26,975 min		

*Startgewicht, **Die Zeiten der Toyota-Piloten Trulli und Glock wurden wegen biegsamer Heckflügel gestrichen, *** Hamilton wurde wegen Getriebewechsels um fünf Plätze zurückversetzt

KONSTRUKTEURS-WM

1.	BrawnGP-Mercedes	18 Punkte
2.	Toyota	11 Punkte
3.	Renault	4 Punkte
4.	Williams-Toyota	3 Punkte
5.	ToroRosso-Ferrari	3 Punkte

ERGEBNISSE UND AUSFÄLLE (■ = GEWERTET)

Fahrer	Runden	Zeit/Rückstand	KERS*	Boxenstopps	Schnellste Runde
1. Button	58/58**	1:34.15,784 h	nein	2 (53,778 s)	1.28,020 min
2. Barrichello	58	+ 0,807 s	nein	2 (58,018 s)	1.29,066 min
3. Trulli	58	+ 1,604 s	nein	2 (41,738 s)	1.28,916 min
4. Glock	58	+4,435 s	nein	2 (42,760 s)	1.28,416 min
5. Alonso	58	+ 4,879 s	ja	2 (55,380 s)	1.28,712 min
6. Rosberg	58	+ 5,722 s	nein	2 (55,414 s)	1.27,706 min
7. Buemi	58	+ 6,004 s	nein	2 (42,699 s)	1.29,230 min
8. Bourdais	58	+ 6,298 s	nein	2 (45,140 s)	1.29,823 min
9. Sutil	58	+ 6,335 s	nein	3 (1.13,602 min)	1.28,943 mni
10. Heidfeld	58	+ 7,085 s	ja	3 (1.17,692 min)	1.28,283 min
11. Fisichella	58	+ 7,374 s	nein	2 (1.04,701 min)	1.29,005 min
12. Webber	57		nein	2 (1.09,225 min)	1.28,508 min
13. Vettel	56	Unfall (P 2)	nein		1.28,140 min
14. Kubica	55	Unfall (P 3)	nein		1.27,988 min
15. Räikkönen	55	Differential (P 15)	ja		1.28,488 min
16. Hamilton	58	Disqualifiziert (P 3)	ja		1.29,020 min
17. Massa	45	Radträger (P 11)	ja		1.29,141 min
18. Piquet	24	Unfall (P 7)	ja		1.30,502 min
19. Nakajima	17	Unfall (P 3)	nein		1.29,923 min
20. Kovalainen	0	Unfall (P 20)	ja		

* Kinetic Energy Recovery System (Hybridantrieb)
** Runden in Führung; Bestwerte in roter Schrift

FÜHRUNGSRUNDEN

1-58	Button

TRAININGSDUELLE

Hamilton – Kovalainen	0:1
Räikkönen – Masssa	0:1
Heidfeld – Kubica	0:1
Vettel – Webber	1:0
Alonso – Piquet	1:0
Trulli – Glock	1:0
Button – Barrichello	1:0
Rosberg – Nakajima	1:0
Buemi – Bourdais	1:0
Fisichella – Sutil	1:0

FAHRER-WM

1.	Button	10 Punkte
2.	Barrichello	8 Punkte
3.	Trulli	6 Punkte
4.	Glock	5 Punkte
5.	Alonso	4 Punkte
6.	Rosberg	3 Punkte
7.	Buemi	2 Punkte
8.	Bourdais	1 Punkte

Exklusive News, Analysen, Fotoshows: Die Formel 1 im Internet unter www.auto-motor-und-sport.de

GRAND PRIX VON MALAYSIA
2. Lauf zur Formel 1-WM am 5. April in Sepang

RENNDATEN

- **Streckenlänge:** 5,543 km
- **Runden:** 31
- **Gesamtdistanz:** 171,833 km
- **Zuschauer:** 87 000 (FR-SO), 52 000 (SO)
- **Lufttemperatur:** 31 °C (Regen)
- **Asphalttemperatur:** 37 °C

„Ich war auf Intermediates unterwegs, und die waren schon ziemlich abgefahren, als in Kurve 7 ein Wolkenbruch niederging. Das Heck brach aus, und leider hat das Anti-Abwürgesystem nicht funktioniert"

Sebastian Vettel

STRECKENDATEN

- **Topspeed Qualifikation:** 304,9 km/h (Heidfeld)
- **Topspeed Rennen:** 306,8 km/h (Sutil)
- **Speed schnellste Kurve:** 259,6 km/h (12)*
- **Speed langsamste Kurve:** 72,9 km/h (9)
- **Gangwechsel pro Runde:** 54
- **SafetyCar:** 1 für 2 Runden
- **Volllastanteil:** 61 % (800 m = 11,5 s)
- **Spritverbrauch pro Runde:** 3,6 Liter
- **Tankstrategie Sieger:** 3 Stopps (19/22/29)
- **Gripniveau Asphalt:** niedrig
- **Abtriebslevel:** hoch (8 von 10)
- **Bremsenverschleiß:** hoch
- **Reifenverschleiß:** mittel

Daten: BMW-Sauber, *Nummer Kurve

STARTAUFSTELLUNG

1	Jenson Button	22	GB	BrawnGP-Mercedes, 660,0 kg*, 1.35,181 min
2	Jarno Trulli	9	I	Toyota, 656,5 kg, 1.35,273 min
3	Timo Glock	10	D	Toyota, 656,5 kg, 1.35,690 min
4	Nico Rosberg	16	D	Williams-Toyota, 656,0 kg, 1.35,750 min
5	Mark Webber	14	AUS	Red Bull-Renault, 656,0 kg, 1.35,797 min
6	Robert Kubica	5	PL	BMW, 663,0 kg, 1.36,106 min
7	Kimi Räikkönen	4	FIN	McLaren-Mercedes, 662,5 kg, 1.36,170 min
8	Rubens Barrichello**	23	BR	BrawnGP-Mercedes, 664,5 kg, 1.35,651 min
9	Fernando Alonso	7	E	Renault, 680,5 kg, 1.37,659 min
10	Nick Heidfeld	6	D	BMW, 692,0 kg, 1.34,769 min
11	Kazuki Nakajima	17	J	Williams-Toyota, 683,4 kg, 1.34,788 min
12	Lewis Hamilton	1	GB	McLaren-Mercedes, 688,0 kg, 1.34,905 min
13	Sebastian Vettel***	15	D	Red Bull-Renault, 647,0 kg, 1.35,518 min
14	Heikki Kovalainen	2	FIN	McLaren-Mercedes, 688,9 kg, 1.34,924 min
15	Sébastien Bourdais	11	F	ToroRosso-Ferrari, 670,5 kg, 1.35,431 min
16	Felipe Massa	3	BR	Ferrari, 689,5 kg, 1.35,642 min
17	Nelson Piquet	8	BR	Renault, 681,9 kg, 1.35,708 min
18	Giancarlo Fisichella	21	I	Force India-Mercedes, 680,5 kg, 1.35,908 min
19	Adrian Sutil	20	D	Force India-Mercedes, 655,5 kg, 1.35,951 min
20	Sébastien Buemi	12	CH	ToroRosso-Ferrari, 686,5 kg, 1.36,107 min

*Startgewicht, **wegen Getriebetausch um fünf Startplätze zurückversetzt; ***nach Kollision mit Kubica beim GP Australien zehn Startplätze nach hinten versetzt

KONSTRUKTEURS-WM

1.	BrawnGP	25 Punkte
2.	Toyota	16,5 Punkte
3.	BMW	4 Punkte
4.	Renault	4 Punkte
5.	Williams-Toyota	3,5 Punkte
6.	ToroRosso-Ferrari	3 Punkte
7.	Red Bull-Renault	1,5 Punkte
8.	McLaren-Mercedes	1 Punkt

ERGEBNISSE UND AUSFÄLLE (■ = GEWERTET)

Fahrer	Runden	Zeit/Rückstand	KERS*	Boxenstopps	Schnellste Runde
1. Button	31/14**	55.30,622 h	nein	3 (78,396 s)	1.36,641 min
2. Heidfeld	31	+ 22,722 s	ja	1 (29,465 s)	1.39,084 min
3. Glock	31	+ 23,513 s	nein	3 (82,643 s)	1.39,406 min
4. Trulli	31/1	+ 46,173 s	nein	3 (78,503 s)	1.37,591 min
5. Barrichello	31/1	+ 47,360 s	nein	3 (88,814 s)	1.37,484 min
6. Webber	31	+ 52,333 s	nein	4 (108,368 s)	1.37,672 min
7. Hamilton	31	+ 60,733 s	ja	3 (81,482 s)	1.39,141 min
8. Rosberg	31/15	+ 71,576 s	nein	4 (116,062 s)	1.37,598 min
9. Massa	31	+ 76,932 s	ja	3 (87,270 s)	1.39,250 min
10. Bourdais	31	+ 102,164 s	nein	3 (86,574 s)	1.39,242 min
11. Alonso	31	+ 109,422 s	ja	3 (85,683 s)	1.39,006 min
12. Nakajima	31	+ 116,130 s	nein	3 (82,512 s)	1.39,387 min
13. Piquet	31	+ 116,713 s	ja	3 (88,010 s)	1.39,266 min
14. Räikkönen	31	KERS (P 14)	ja		1.38,453 min
15. Vettel	30	Unfall (P 8)	nein		1.38,427 min
16. Buemi	30	Unfall (P 11)	nein		1.38,938 min
17. Sutil	30		nein		1.39,464 min
18. Fisichella	29	Dreher (P 17)	nein		1.39,407 min
19. Kubica	1	Motor (P 19)	nein		
20. Kovalainen	0	Unfall (P 14)	ja		

* Kinetic Energy Recovery System (Hybridantrieb)
** Runden in Führung; Bestwerte in roter Schrift

FÜHRUNGSRUNDEN

1-15	Rosberg
16	Trulli
17-19	Button
20	Barrichello
21-31	Button

TRAININGSDUELLE

Hamilton – Kovalainen	1:1
Massa – Räikkönen	1:1
Heidfeld – Kubica	0:2
Alonso – Piquet	2:0
Trulli – Glock	1:1
Button – Barrichello	2:0
Vettel – Webber	1:1
Rosberg – Nakajima	2:0
Buemi – Bourdais	1:1
Fisichella – Sutil	2:0

FAHRER-WM

1.	Button	15 Punkte
2.	Barrichello	10 Punkte
3.	Trulli	8,5 Punkte
4.	Glock	8 Punkte
5.	Heidfeld	4 Punkte
6.	Alonso	4 Punkte
7.	Rosberg	3,5 Punkte
8.	Buemi	2 Punkte
9.	Webber	1,5 Punkte
10.	Hamilton	1 Punkt
11.	Bourdais	1 Punkt

Wegen Abbruch in der 31. Runde nur halbe Punkte

Exklusive News, Analysen, Fotoshows: Die Formel 1 im Internet unter www.auto-motor-und-sport.de

GRAND PRIX VON CHINA
3. Lauf zur Formel 1-WM am 19. April in Shanghai

RENNDATEN

▶ **Streckenlänge:** 5,451 km
▶ **Runden:** 56
▶ **Gesamtdistanz:** 305,066 km
▶ **Zuschauer:** 138 000 (FR-SO) 98 000 (SO)
▶ **Lufttemperatur:** 20 °C (Regen)
▶ **Asphalttemperatur:** 21 °C

„Als Trulli die Zielkurve anbremste, bin ich durch stehendes Wasser gefahren. Ich bin voll in die Eisen, wurde aber immer schneller und landete mit voller Wucht im Heck des Toyota"

Robert Kubica

STRECKENDATEN

▶ **Topspeed Qualifikation:** 308,2 km/h (Buemi)
▶ **Topspeed Rennen:** 295,3 km/h (Alonso)
▶ **Speed schnellste Kurve:** 257,9 km/h (7)*
▶ **Speed langsamste Kurve:** 68,8 km/h (6)
▶ **Gangwechsel pro Runde:** 54
▶ **SafetyCar:** 2 für 13 Runden
▶ **Volllastanteil:** 51 % (1260 m = 17,0 s)
▶ **Spritverbrauch pro Runde:** 3,3 Liter
▶ **Tankstrategie Sieger:** 2 Stopps (15/37)
▶ **Gripniveau Asphalt:** hoch
▶ **Abtriebslevel:** mittel (7 von 10)
▶ **Bremsverschleiß:** gering
▶ **Reifenverschleiß:** mittel

Daten: BMW-Sauber, *Nummer Kurve

STARTAUFSTELLUNG

1	Sebastian Vettel ⑮ D	Red Bull-Renault, 644,0 kg*, 1.36,184 min	
2	Fernando Alonso ⑦ E	Renault, 637,0 kg, 1.36,381 min	
3	Mark Webber ⑭ AUS	Red Bull-Renault, 646,5 kg, 1.36,466 min	
4	Rubens Barrichello ㉓ BR	BrawnGP-Mercedes, 661,0 kg, 1.36,493 min	
5	Jenson Button ㉒ GB	BrawnGP-Mercedes, 659,0 kg, 1.35,532 min	
6	Jarno Trulli ⑨ I	Toyota, 664,5 kg, 1.36,835 min	
7	Nico Rosberg ⑯ D	Williams-Toyota, 650,5 kg, 1.37,397 min	
8	Kimi Räikkönen ④ FIN	Ferrari, 673,5 kg, 1.38,089 min	
9	Lewis Hamilton ① GB	McLaren-Mercedes, 679,0 kg, 1.38,595 min	
10	Sébastien Buemi ⑫ CH	ToroRosso-Ferrari, 673,0 kg, 1.39,321 min	
11	Nick Heidfeld ⑥ D	BMW, 679,0 kg, 1.35,975 min	
12	Heikki Kovalainen ② FIN	McLaren-Mercedes, 697,0 kg, 1.36,032 min	
13	Felipe Massa ③ BR	Ferrari, 690,0 kg, 1.36,033 min	
14	Kazuki Nakajima ⑰ J	Williams-Toyota, 682,7 kg, 1.36,193 min	
15	Sébastien Bourdais ⑪ F	ToroRosso-Ferrari, 690,0 kg, 1.36,906 min	
16	Nelson Piquet ⑧ BR	Renault, 697,9 kg, 1.36,908 min	
17	Robert Kubica ⑤ PL	BMW, 659,0 kg, 1.36,966 min	
18	Adrian Sutil ⑳ D	Force India-Mercedes 648,0 kg, 1.37,669 min	
19	Timo Glock** ⑩ D	Toyota, 652,0 kg, 1.36,066 min	
20	Giancarlo Fisichella ㉑ I	Force India-Mercedes, 679,5 kg, 1.37,672 min	

*Startgewicht, **wegen Getriebetausch um fünf Startplätze strafversetzt

KONSTRUKTEURS-WM

1.	BrawnGP	36 Punkte
2.	Red Bull-Renault	19,5 Punkte
3.	Toyota	18,5 Punkte
4.	McLaren-Mercedes	8 Punkte
5.	BMW	4 Punkte
6.	Renault	4 Punkte
7.	ToroRosso-Ferrari	4 Punkte
8.	Williams-Toyota	3,5 Punkte

ERGEBNISSE UND AUSFÄLLE (■ = GEWERTET)

Fahrer	Runden	Zeit/Rückstand	KERS*	Boxenstopps	Schnellste Runde
1. Vettel	56/49**	117.43,485 min	nein	2 (55,895 s)	1.52,627 min
2. Webber	56/2	+ 10,970 s	nein	2 (54,748 s)	1.52,980 min
3. Button	56/5	+ 44,975 s	nein	2 (54,522 s)	1.53,546 min
4. Barrichello	56	+ 63,704 s	nein	2 (54,267 s)	1.52,592 min
5. Kovalainen	56	+ 65,102 s	ja	1 (25,139 s)	1.54,516 min
6. Hamilton	56	+ 71,866 s	ja	1 (26,650 s)	1.54,665 min
7. Glock	56	+ 74,476 s	nein	1 (29,534 s)	1.52,703 min
8. Buemi	56	+ 76,439 s	nein	2 (54,816 s)	1.54,590 min
9. Alonso	56	+ 84,309 s	nein	2 (61,929 s)	1.54,481 min
10. Räikkönen	56	+ 91,750 s	nein	1 (30,038 s)	1.55,396 min
11. Bourdais	56	+ 94,156 s	nein	1 (29,588 s)	1.53,474 min
12. Heidfeld	56	+ 95,834 s	ja	1 (28,815 s)	1.54,158 min
13. Kubica	56	+ 106,853 s	nein	2 (68,961 s)	1.55,350 min
14. Fisichella	55		nein	1 (28,214 s)	1.56,239 min
15. Rosberg	55		nein	3 (79,987 s)	1.54,243 min
16. Piquet	54		nein	3 (117,900 s)	1.55,535 min
17. Sutil	50	Unfall (P 6)			1.54,777 min
18. Nakajima	43	Getriebe (P 18)	nein		
19. Massa	20	Elektrik (P 3)	nein		
20. Trulli	18	Heckflügel (P 20)	nein		

* Kinetic Energy Recovery System (Hybridantrieb)
** Runden in Führung; Bestwerte in roter Schrift

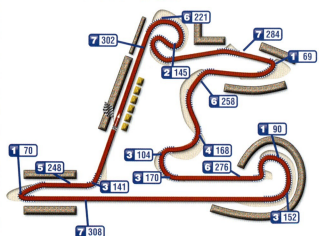

FÜHRUNGSRUNDEN

1-15	Vettel
16-19	Webber
20-37	Vettel
38-39	Webber
40	Button
41-56	Vettel

TRAININGSDUELLE

Hamilton – Kovalainen	2:1
Massa – Räikkönen	1:2
Heidfeld – Kubica	1:2
Alonso – Piquet	3:0
Trulli – Glock	2:1
Button – Barrichello	2:1
Vettel – Webber	2:1
Rosberg – Nakajima	3:0
Buemi – Bourdais	2:1
Fisichella – Sutil	2:1

FAHRER-WM

1.	Button	21 Punkte
2.	Barrichello	15 Punkte
3.	Vettel	10 Punkte
4.	Glock	10 Punkte
5.	Webber	9,5 Punkte
6.	Trulli	8,5 Punkte
7.	Heidfeld	4 Punkte
8.	Alonso	4 Punkte
9.	Kovalainen	4 Punkte
10.	Hamilton	4 Punkte
11.	Rosberg	3,5 Punkte
12.	Buemi	3 Punkte
13.	Bourdais	1 Punkt

Exklusive News, Analysen, Fotoshows: Die Formel 1 im Internet unter
www.auto-motor-und-sport.de

GRAND PRIX VON BAHRAIN

4. Lauf zur Formel 1-WM am 26. April in Sakhir

RENNDATEN

- **Streckenlänge:** 5,412 km
- **Runden:** 57
- **Gesamtdistanz:** 308,238 km
- **Zuschauer:** 93 000 (FR-SO) 41 000 (SO)
- **Lufttemperatur:** 38 °C
- **Asphalttemperatur:** 51 °C

„Robert ist mir von hinten ins Auto gefahren und hat mich auf ein anderes Auto draufgeschoben. Ich dachte schon, die Aufhängung sei gebrochen. Ab da ging gar nichts mehr"

Nick Heidfeld

STRECKENDATEN

- **Topspeed Qualifikation:** 313,4 km/h (Fisichella)
- **Topspeed Rennen:** 314,5 km/h (Fisichella)
- **Speed schnellste Kurve:** 231,6 km/h (12)
- **Speed langsamste Kurve:** 61,0 km/h (1)
- **Gangwechsel pro Runde:** 54
- **SafetyCar:** -
- **Volllastanteil:** 60 % (1025 m = 14,0 s)
- **Spritverbrauch pro Runde:** 3,4 Liter
- **Tankstrategie Sieger:** 2 Stopps (15/37)
- **Gripniveau Asphalt:** mittel
- **Abtriebslevel:** mittel (7 von 10)
- **Bremsenverschleiß:** hoch
- **Reifenverschleiß:** mittel

Daten: BMW-Sauber, *Nummer Kurve

STARTAUFSTELLUNG

1. **Jarno Trulli** (9) I — Toyota, 648,6 kg*, 1.33.431 min
2. **Timo Glock** (10) D — Toyota, 643,0 kg, 1.33.712 min
3. **Sebastian Vettel** (15) D — Red Bull-Renault, 659,0 kg, 1.34.015 min
4. **Jenson Button** (22) GB — BrawnGP-Mercedes, 652,5 kg, 1.34.044 min
5. **Lewis Hamilton** (1) GB — McLaren-Mercedes, 1.34.196 min
6. **Rubens Barrichello** (23) BR — BrawnGP-Mercedes, 649,0 kg, 1.34.239 min
7. **Fernando Alonso** (7) E — Renault, 650,9 kg, 1.34.578 min
8. **Felipe Massa** (3) BR — Ferrari, 664,5 kg, 1.34.818 min
9. **Nico Rosberg** (16) D — Williams-Toyota, 670,5 kg, 1.35.134 min
10. **Kimi Räikkönen** (4) FIN — Ferrari, 671,5 kg, 1.35.380 min
11. **Heikki Kovalainen** (2) FIN — McLaren-Mercedes, 678,5 kg, 1.33.242 min
12. **Kazuki Nakajima** (17) J — Williams-Toyota, 680,9 kg, 1.33.348 min
13. **Robert Kubica** (5) PL — BMW, 698,6 kg, 1.33.487 min
14. **Nick Heidfeld** (6) D — BMW, 696,3 kg, 1.33.562 min
15. **Nelson Piquet** (8) BR — Renault, 677,6 kg, 1.33.941 min
16. **Sébastien Buemi** (12) CH — ToroRosso-Ferrari, 678,5 kg, 1.33.753 min
17. **Giancarlo Fisichella** (21) I — Force India-Mercedes, 652,0 kg, 1.33.910 min
18. **Mark Webber** (14) AUS — Red Bull-Renault, 656,0 kg, 1.34.038 min
19. **Adrian Sutil**** (20) D — Force India-Mercedes, 679,0 kg, 1.33.722 min
20. **Sébastien Bourdais** (11) F — ToroRosso-Ferrari, 667,5 kg, 1.34.159 min

*Startgewicht, **wegen Blockierens von Webber um drei Startplätze strafversetzt

KONSTRUKTEURS-WM

1. BrawnGP — 50 Punkte
2. Red Bull-Renault — 27,5 Punkte
3. Toyota — 26,5 Punkte
4. McLaren-Mercedes — 13 Punkte
5. Renault — 5 Punkte
6. BMW — 4 Punkte
7. ToroRosso-Ferrari — 4 Punkte
8. Williams-Toyota — 3,5 Punkte
9. Ferrari — 3 Punkte

ERGEBNISSE UND AUSFÄLLE (■ = GEWERTET)

Fahrer	Runden	Zeit/Rückstand	KERS*	Boxenstopps	Schnellste Runde
1. Button	57/36**	1:31.48,182 min	nein	2 (55,641 s)	1.34.588 min
2. Vettel	57/7	+ 7,187 s	nein	2 (52,920 s)	1.34.574 min
3. Trulli	57/2	+ 9,170 s	nein	2 (53,271 s)	1.52.556 min
4. Hamilton	57	+ 22,096 s	ja	2 (52,562 s)	1.34.915 min
5. Barrichello	57	+ 37,779 s	nein	3 (1.19,197 min)	1.34.901 min
6. Räikkönen	57/2	+ 42,057 s	nein	2 (56,623 s)	1.35.498 min
7. Glock	57/10	+ 42,880 s	nein	2 (54,311 s)	1.34.574 min
8. Alonso	57	+ 52,775 s	ja	2 (53,516 s)	1.35.722 min
9. Rosberg	57	+ 58,198 s	nein	2 (52,779 s)	1.35.816 min
10. Piquet	57	+ 1.05,149 min	ja	2 (52,552 s)	1.35.441 min
11. Webber	57	+ 1.07,641 min	nein	2 (55,727 s)	1.35.165 min
12. Kovalainen	57	+ 1.17,824 min	ja	2 (52,367 s)	1.35.520 min
13. Bourdais	57	+ 1.18,805 min	nein	2 (53,347 s)	1.35.410 min
14. Massa	56		ja	3 (1.25,863 min)	1.35.065 min
15. Fisichella	56		nein	2 (55,019 s)	1.36.376 min
16. Sutil	56		nein	2 (51,736 s)	1.36.219 min
17. Buemi	56		nein	2 (56,946 s)	1.36.473 min
18. Kubica	56		nein	2 (57,955 s)	1.35.706 min
19. Heidfeld	56		ja	2 (57,246 s)	1.35.924 min
20. Nakajima	48	Öldruck (P 18)	nein		

* Kinetic Energy Recovery System (Hybridantrieb)
** Runden in Führung; Bestwerte in roter Schrift

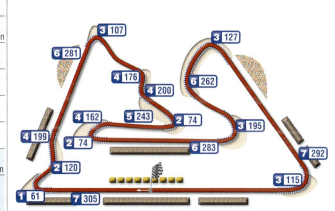

FÜHRUNGSRUNDEN

1-10	Glock
11-12	Trulli
13-15	Button
16-19	Vettel
20-21	Räikkönen
22-37	Button
38-40	Vettel
41-57	Button

TRAININGSDUELLE

Hamilton – Kovalainen	3:1
Massa – Räikkönen	2:2
Heidfeld – Kubica	1:3
Alonso – Piquet	4:0
Trulli – Glock	3:1
Button – Barrichello	3:1
Vettel – Webber	3:1
Rosberg – Nakajima	4:0
Buemi – Bourdais	3:1
Fisichella – Sutil	3:1

FAHRER-WM

1. Button — 31 Punkte
2. Barrichello — 19 Punkte
3. Vettel — 18 Punkte
4. Trulli — 14,5 Punkte
5. Glock — 12 Punkte
6. Webber — 9,5 Punkte
7. Hamilton — 9 Punkte
8. Alonso — 5 Punkte
9. Heidfeld — 4 Punkte
10. Kovalainen — 4 Punkte
11. Rosberg — 3,5 Punkte
12. Buemi — 3 Punkte
13. Bourdais — 1 Punkt

Exklusive News, Analysen, Fotoshows: Die Formel 1 im Internet unter www.auto-motor-und-sport.de

GRAND PRIX VON SPANIEN

5. Lauf zur Formel 1-WM am 10. Mai in Barcelona

RENNDATEN

- Streckenlänge: 4,655 km
- Runden: 66
- Gesamtdistanz: 307,104 km
- Zuschauer: 195 000 (FR-SO) 92 000 (SO)
- Lufttemperatur: 24 °C
- Asphalttemperatur: 40 °C

„Rosberg hat mich zwei Mal von der Strecke gedrückt. Beim zweiten Mal musste ich ins Gras ausweichen. Dort habe ich mich gedreht und bin ins Feld zurück, wo mich Sutil traf"

Jarno Trulli

STRECKENDATEN

- Topspeed Qualifikation: 312,7 km/h (Fisichella)
- Topspeed Rennen: 314,4 km/h (Fisichella)
- Speed schnellste Kurve: 229,1 km/h (16)*
- Speed langsamste Kurve: 78,9 km/h (10)
- Gangwechsel pro Runde: 42
- SafetyCar: 1 für 5 Runden
- Volllastanteil: 60 % (1130 m = 15,0 s)
- Spritverbrauch pro Runde: 3,0 Liter
- Tankstrategie Sieger: 2 Stopps (18/48)
- Gripniveau Asphalt: mittel
- Abtriebslevel: hoch (8 von 10)
- Bremsenverschleiß: mittel
- Reifenverschleiß: mittel

Daten: BMW-Sauber, *Nummer Kurve

STARTAUFSTELLUNG

1	**Jenson Button** ㉒ GB	BrawnGP-Mercedes, 646,0 kg*, 1.20,527 min
2	**Sebastian Vettel** ⑮ D	Red Bull-Renault, 651,5 kg, 1.20,660 min
3	**Rubens Barrichello** ㉓ BR	BrawnGP-Mercedes, 649,5 kg, 1.20,762 min
4	**Felipe Massa** ③ BR	Ferrari, 655,0 kg, 1.20,934 min
5	**Mark Webber** ⑭ AUS	Red Bull-Renault, 651,5 kg, 1.21,049 min
6	**Timo Glock** ⑩ D	Toyota, 646,5 kg, 1.21,247 min
7	**Jarno Trulli** ⑨ I	Toyota, 655,5 kg, 1.21,254 min
8	**Fernando Alonso** ⑦ E	Renault, 645,0 kg, 1.21,392 min
9	**Nico Rosberg** ⑯ D	Williams-Toyota, 668,0 kg, 1.22,558 min
10	**Robert Kubica** ⑤ PL	BMW, 660,0 kg, 1.22,685 min
11	**Kazuki Nakajima** ⑰ J	Williams-Toyota, 676,6 kg, 1.20,531 min
12	**Nelson Piquet** ⑧ BR	Renault, 677,4 kg, 1.20,604 min
13	**Nick Heidfeld** ⑥ D	BMW, 676,3 kg, 1.20,676 min
14	**Lewis Hamilton** ① GB	McLaren-Mercedes, 683,0 kg, 1.20,805 min
15	**Sébastien Buemi** ⑫ CH	ToroRosso-Ferrari, 678,0 kg, 1.21,067 min
16	**Kimi Räikkönen** ④ FIN	Ferrari, 673,0 kg, 1.21,291 min
17	**Sébastien Bourdais** ⑪ F	ToroRosso-Ferrari, 669,0 kg, 1.21,300 min
18	**Heikki Kovalainen** ② FIN	McLaren-Mercedes, 657,0 kg, 1.21,675 min
19	**Adrian Sutil** ⑳ D	Force India-Mercedes, 675,0 kg, 1.21,742 min
20	**Giancarlo Fisichella** ㉑ I	Force India-Mercedes, 656,0 kg, 1.22,204 min

* Startgewicht

KONSTRUKTEURS-WM

1.	BrawnGP	68 Punkte
2.	Red Bull-Renault	38,5 Punkte
3.	Toyota	26,5 Punkte
4.	McLaren-Mercedes	13 Punkte
5.	Renault	9 Punkte
6.	BMW	6 Punkte
7.	Ferrari	6 Punkte
8.	Williams-Toyota	4,5 Punkte
9.	ToroRosso-Ferrari	4 Punkte

ERGEBNISSE UND AUSFÄLLE (■ = GEWERTET)

Fahrer	Runden	Zeit/Rückstand	KERS*	Boxenstopps	Schnellste Runde
1. Button	66/33**	1:31.48,182 min	nein	2 (50,767 s)	1.22,899 min
2. Barrichello	66/32	+ 7,187 s	nein	3 (1.08,884 min)	1.22,762 min
3. Webber	66	+ 9,170 s	nein	2 (49,986 s)	1.23,112 min
4. Vettel	66	+ 22,096 s	nein	2 (49,995 s)	1.23,090 min
5. Alonso	66	+ 37,779 s	nein	2 (51,029 s)	1.23,420 min
6. Massa	66/1	+ 42,057 s	ja	2 (49,464 s)	1.23,089 min
7. Heidfeld	66	+ 42,880 s	nein	2 (44,857 s)	1.23,878 min
8. Rosberg	66	+ 52,775 s	nein	2 (47,540 s)	1.23,621 min
9. Hamilton	65		ja	2 (46,285 s)	1.23,839 min
10. Glock	65		nein	2 (48,149 s)	1.24,134 min
11. Kubica	65		nein	2 (46,721 s)	1.24,078 min
12. Piquet	65		nein	2 (47,151 s)	1.24,286 min
13. Nakajima	65		nein	3 (1.18,130 min)	1.24,155 min
14. Fisichella	65		nein	4 (1.37,482 min)	1.23,796 min
15. Räikkönen	17	Hydraulik (P 10)	ja		1.24,490 min
16. Kovalainen	7	Getriebe (P 16)	ja		
17. Trulli	0	Unfall (P 10)	nein		
18. Buemi	0	Unfall (P 14)	nein		
19. Bourdais	0	Unfall (P 15)	nein		
20. Sutil	0	Unfall (P 13)	nein		

* Kinetic Energy Recovery System (Hybridantrieb)
** Runden in Führung; Bestwerte in roter Schrift

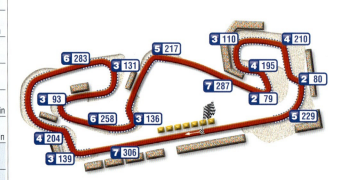

FÜHRUNGSRUNDEN

1-19	Barrichello
20	Massa
21-31	Barrichello
32-48	Button
49-50	Barrichello
51-66	Button

TRAININGSDUELLE

Hamilton – Kovalainen	4:1
Massa – Räikkönen	3:2
Heidfeld – Kubica	1:4
Alonso – Piquet	5:0
Trulli – Glock	3:2
Button – Barrichello	4:1
Vettel – Webber	4:1
Rosberg – Nakajima	5:0
Buemi – Bourdais	4:1
Fisichella – Sutil	3:2

FAHRER-WM

1.	Button	41 Punkte
2.	Barrichello	27 Punkte
3.	Vettel	23 Punkte
4.	Webber	15,5 Punkte
5.	Trulli	14,5 Punkte
6.	Glock	12 Punkte
7.	Hamilton	9 Punkte
8.	Alonso	9 Punkte
9.	Heidfeld	6 Punkte
10.	Rosberg	4,5 Punkte
11.	Kovalainen	4 Punkte
12.	Massa	3 Punkte
13.	Räikkönen	3 Punkte
14.	Buemi	3 Punkte
15.	Bourdais	1 Punkt

Exklusive News, Analysen, Fotoshows: Die Formel 1 im Internet unter
www.auto-motor-und-sport.de

GRAND PRIX VON MONACO
6. Lauf zur Formel 1-WM am 24. Mai in Monte Carlo

RENNDATEN

- **Streckenlänge:** 3,340 km
- **Runden:** 78
- **Gesamtdistanz:** 260,520 km
- **Zuschauer:** 100 000 (FR-SO), 45 000 (SO)
- **Lufttemperatur:** 25 °C
- **Asphalttemperatur:** 38 °C

„Ich habe an der Stelle gebremst, an der ich jede Runde zuvor gebremst habe. Buemi ist mir von hinten ins Auto gerauscht. Das hat mich einen siebten Platz gekostet"

Nelson Piquet

STRECKENDATEN

- **Topspeed Qualifikation:** 288,0 km/h (Fisichella)
- **Topspeed Rennen:** 290,0 km/h (Massa)
- **Speed schnellste Kurve:** 204,3 km/h (13/14)*
- **Speed langsamste Kurve:** 41,8 km/h (6)
- **Gangwechsel pro Runde:** 42
- **SafetyCar:** -
- **Volllastanteil:** 39 % (475 m = 7,3 s)
- **Spritverbrauch pro Runde:** 2,2 Liter
- **Tankstrategie Sieger:** 2 Stopps (17/51)
- **Gripniveau Asphalt:** mittel
- **Abtriebslevel:** sehr hoch (10 von 10)
- **Bremsenverschleiß:** hoch
- **Reifenverschleiß:** mittel

Daten: BMW-Sauber, *Nummer Kurve

STARTAUFSTELLUNG

1. **Jenson Button** ㉒ GB — BrawnGP-Mercedes, 647,5 kg* 1.14,902 min
2. **Kimi Räikkönen** ④ FIN — Ferrari, 644,0 kg, 1.14,927 min
3. **Rubens Barrichello** ㉓ BR — BrawnGP-Mercedes, 648,0 kg, 1.15,077 min
4. **Sebastian Vettel** ⑮ D — Red Bull-Renault, 631,5 kg, 1.15,271 min
5. **Felipe Massa** ③ BR — Ferrari, 643,5 kg, 1.15,437 min
6. **Nico Rosberg** ⑯ D — Williams-Toyota, 642,0 kg, 1.15,455 min
7. **Heikki Kovalainen** ② FIN — McLaren-Mercedes, 644,0 kg, 1.15,516 min
8. **Mark Webber** ⑭ AUS — Red Bull-Renault, 646,5 kg, 1.15,653 min
9. **Fernando Alonso** ⑦ E — Renault, 654,0 kg, 1.16,009 min
10. **Kazuki Nakajima** ⑰ J — Williams-Toyota, 668,0 kg, 1.17,344 min
11. **Sébastien Buemi** ⑫ CH — ToroRosso-Ferrari, 670,0 kg, 1.15,833 min
12. **Nelson Piquet** ⑧ BR — Renault, 673,1 kg, 1.15,837 min
13. **Giancarlo Fisichella** ㉑ I — Force India-Mercedes, 693,0 kg, 1.16,146 min
14. **Sébastien Bourdais** ⑪ F — ToroRosso-Ferrari, 699,5 kg, 1.16,281 min
15. **Adrian Sutil** ⑳ D — Force India-Mercedes, 670,0 kg, 1.16,545 min
16. **Nick Heidfeld** ⑥ D — BMW, 680,0 kg, 1.16,264 min
17. **Robert Kubica** ⑤ PL — BMW, 696,0 kg, 1.16,405 min
18. **Jarno Trulli** ⑨ I — Toyota, 688,3 kg, 1.16,548 min
19. **Lewis Hamilton** ** ① GB — McLaren-Mercedes, 645,5 kg, 1.16,264 min
20. **Timo Glock** *** ⑩ D — Toyota, 700,8 kg, 1.16,788 min

*Startgewicht; **wegen Getriebewechsels um fünf Startplätze zurückversetzt; ***freiwilliger Start aus der Boxengasse

KONSTRUKTEURS-WM

1. BrawnGP — 86 Punkte
2. Red Bull-Renault — 42,5 Punkte
3. Toyota — 26,5 Punkte
4. Ferrari — 17 Punkte
5. McLaren-Mercedes — 13 Punkte
6. Renault — 11 Punkte
7. Williams-Toyota — 7,5 Punkte
8. BMW — 6 Punkte
9. ToroRosso-Ferrari — 5 Punkte

ERGEBNISSE UND AUSFÄLLE (■ = GEWERTET)

Fahrer	Runden	Zeit/Rückstand	KERS*	Boxenstopps	Schnellste Runde
1. Button	78/77**	1:40.44,282 min	nein	2 (45,143 s)	1.15,190 min
2. Barrichello	78	+ 7,666 s	nein	2 (44,965 s)	1.15,685 min
3. Räikkönen	78/1	+ 13,442 s	ja	2 (49,353 s)	1.15,382 min
4. Massa	78	+ 15,110 s	ja	2 (46,693 s)	1.15,154 min
5. Webber	78	+ 15,730 s	nein	2 (46,543 s)	1.15,321 min
6. Rosberg	78	+ 33,586 s	nein	2 (48,753 s)	1.15,772 min
7. Alonso	78	+ 37,839 s	nein	2 (45,754 s)	1.15,371 min
8. Bourdais	78	+ 1.03,142 min	nein	1 (23,077 s)	1.16,178 min
9. Fisichella	78	+ 1.05,040 min	nein	1 (22,636 s)	1.16,419 min
10. Glock	77		nein	1 (22,700 s)	1.16,066 min
11. Heidfeld	77		nein	1 (24,370 s)	1.16,268 min
12. Hamilton	77		ja	2 (55,161 s)	1.15,706 min
13. Trulli	77		nein	2 (43,876 s)	1.16,011 min
14. Sutil	77		nein	2 (54,619 s)	1.16,245 min
15. Nakajima	76	Unfall (P 10)	nein	2 (47,135 s)	1.15,792 min
16. Kovalainen	51	Unfall (P 7)	ja		1.15,672 min
17. Kubica	28	Bremsen (P 15)	nein		1.17,558 min
18. Vettel	15	Unfall (P 12)	nein		1.17,634 min
19. Piquet	10	Unfall (P 10)	nein		1.18,514 min
20. Buemi	10	Unfall (P 11)	nein		1.18,582 min

* Kinetic Energy Recovery System (Hybridantrieb)
** Runden in Führung; Bestwerte in roter Schrift

FÜHRUNGSRUNDEN

1-51	Button
52	Räikkönen
53-78	Button

TRAININGSDUELLE

Hamilton – Kovalainen	4:2
Massa – Räikkönen	3:3
Heidfeld – Kubica	2:4
Alonso – Piquet	6:0
Trulli – Glock	4:2
Button – Barrichello	5:1
Vettel – Webber	5:1
Rosberg – Nakajima	6:0
Buemi – Bourdais	5:1
Fisichella – Sutil	4:2

FAHRER-WM

1. Button — 51 Punkte
2. Barrichello — 35 Punkte
3. Vettel — 23 Punkte
4. Webber — 19,5 Punkte
5. Trulli — 14,5 Punkte
6. Glock — 12 Punkte
7. Alonso — 11 Punkte
8. Räikkönen — 9 Punkte
9. Hamilton — 9 Punkte
10. Massa — 8 Punkte
11. Rosberg — 7,5 Punkte
12. Heidfeld — 6 Punkte
13. Kovalainen — 4 Punkte
14. Buemi — 3 Punkte
15. Bourdais — 2 Punkte

Exklusive News, Analysen, Fotoshows: Die Formel 1 im Internet unter
www.auto-motor-und-sport.de

GRAND PRIX DER TÜRKEI
7. Lauf zur Formel 1-WM am 7. Juni in Istanbul

RENNDATEN
- **Streckenlänge:** 5,338 km
- **Runden:** 58
- **Gesamtdistanz:** 309,396 km
- **Zuschauer:** 35 000 (FR-SO), 20 000 (SO)
- **Lufttemperatur:** 31 °C
- **Asphalttemperatur:** 52 °C

„Mein Drehzahlbegrenzer riegelte schon eingangs der Geraden ab. Ich musste in der Zielkurve etwas riskieren, um an Sutil vorbeizukommen. Es waren wohl wilde Formel 3-Tage für ihn"

Rubens Barrichello

STRECKENDATEN
- **Topspeed Qualifikation:** 309,9 km/h (Massa)
- **Topspeed Rennen:** 312,8 km/h (Kovalainen)
- **Speed schnellste Kurve:** 283,3 km/h (11)*
- **Speed langsamste Kurve:** 78,0 km/h (12)
- **Gangwechsel pro Runde:** 44
- **SafetyCar:** -
- **Vollastanteil:** 60 % (1180 m = 16,0 s)
- **Spritverbrauch pro Runde:** 3,3 Liter
- **Tankstrategie Sieger:** 2 Stopps (17/43)
- **Gripniveau Asphalt:** mittel
- **Abtriebslevel:** mittel (6 von 10)
- **Bremsenverschleiß:** mittel
- **Reifenverschleiß:** mittel bis hoch

Daten: BMW-Sauber, *Nummer Kurve

STARTAUFSTELLUNG

Pos	Fahrer	Team
1	Sebastian Vettel (15) D	Red Bull-Renault, 649,5 kg*, 1.28.316 min
2	Jenson Button (22) GB	BrawnGP-Mercedes, 655,5 kg, 1.28.421 min
3	Rubens Barrichello (23) BR	BrawnGP-Mercedes, 652,0 kg, 1.28.579 min
4	Mark Webber (14) AUS	Red Bull-Renault, 656,0 kg, 1.28.613 min
5	Jarno Trulli (9) I	Toyota, 652,0 kg, 1.28.666 min
6	Kimi Räikkönen (4) FIN	Ferrari, 658,0 kg, 1.28.815 min
7	Felipe Massa (3) BR	Ferrari, 654,5 kg, 1.28.858 min
8	Fernando Alonso (7) E	Renault, 644,5 kg, 1.29.075 min
9	Nico Rosberg (16) D	Williams-Toyota, 660,0 kg, 1.29.191 min
10	Robert Kubica (5) PL	BMW, 664,0 kg, 1.29.357 min
11	Nick Heidfeld (6) D	BMW, 681,5 kg, 1.27.521 min
12	Kazuki Nakajima (17) J	Williams-Toyota, 680,4 kg, 1.27.629 min
13	Timo Glock (10) D	Toyota, 689,0 kg, 1.27.795 min
14	Heikki Kovalainen (2) FIN	McLaren-Mercedes, 665,0 kg, 1.28.207 min
15	Adrian Sutil (20) D	Force India-Mercedes, 668,5 kg, 1.28.391 min
16	Lewis Hamilton (1) GB	McLaren-Mercedes, 696,5 kg, 1.28.318 min
17	Nelson Piquet (8) BR	Renault, 689,6 kg, 1.28.582 min
18	Sébastien Buemi (12) CH	ToroRosso-Ferrari, 686,5 kg, 1.28.708 min
19	Giancarlo Fisichella (21) I	Force India-Mercedes, 688,5 kg, 1.28.717 min
20	Sébastien Bourdais (11) F	ToroRosso-Ferrari, 701,0 kg, 1.28.918 min

* Startgewicht

KONSTRUKTEURS-WM
1.	BrawnGP	96 Punkte
2.	Red Bull-Renault	56,5 Punkte
3.	Toyota	32,5 Punkte
4.	Ferrari	20 Punkte
5.	McLaren-Mercedes	13 Punkte
6.	Williams-Toyota	11,5 Punkte
7.	Renault	11 Punkte
8.	BMW	8 Punkte
9.	ToroRosso-Ferrari	5 Punkte

ERGEBNISSE UND AUSFÄLLE (■ = GEWERTET)

Fahrer	Runden	Zeit/Rückstand	Kers*	Boxenstopps	Schnellste Runde
1. Button	58/57**	1:26.24,848 min	nein	2 (51,135 s)	1.27,579 min
2. Webber	58/1	+ 6,714 s	nein	2 (51,343 s)	1.27,809 min
3. Vettel	58	+ 7,461 s	nein	3 (1.13,578 min)	1.27,622 min
4. Trulli	58	+ 27,843 s	nein	2 (49,987 s)	1.27,868 min
5. Rosberg	58	+ 31,539 s	nein	2 (50,640 s)	1.28,222 min
6. Massa	58	+ 39,996 s	ja	2 (51,982 s)	1.28,176 min
7. Kubica	58	+ 46,247 s	nein	2 (50,272 s)	1.28,008 min
8. Glock	58	+ 46,959 s	nein	2 (47,521 s)	1.27,883 min
9. Räikkönen	58	+ 50,246 s	ja	2 (52,081 s)	1.28,061 min
10. Alonso	58	+ 1.02,420 min	nein	2 (52,084 s)	1.28,389 min
11. Heidfeld	58	+ 1.04,327 min	nein	2 (48,202 s)	1.28,214 min
12. Nakajima	58	+ 1.06,376 min	nein	2 (1.08,016 min)	1.27,988 min
13. Hamilton	58	+ 1.20,454 min	ja	1 (27,336 s)	1.28,562 min
14. Kovalainen	57		ja	2 (51,030 s)	1.29,174 min
15. Buemi	57		nein	2 (51,025 s)	1.28,624 min
16. Piquet	57		nein	2 (1.06,026 min)	1.28,340 min
17. Sutil	57		nein	2 (52,398 s)	1.29,192 min
18. Bourdais	57		nein	1 (27,373 s)	1.29,022 min
19. Barrichello	47	Getriebe (P 15)	nein		1.28,526 min
20. Fisichella	4	Bremsen (P 20)	nein		1.34,070 min

* Kinetic Energy Recovery System (Hybridantrieb)
** Runden in Führung; Bestwerte in roter Schrift

FÜHRUNGSRUNDEN
1-17	Button
18	Webber
19-58	Button

TRAININGSDUELLE
Hamilton – Kovalainen	4:3
Massa – Räikkönen	3:4
Heidfeld – Kubica	2:5
Alonso – Piquet	7:0
Trulli – Glock	5:2
Button – Barrichello	6:1
Vettel – Webber	6:1
Rosberg – Nakajima	7:0
Buemi – Bourdais	6:1
Fisichella – Sutil	4:3

FAHRER-WM
1.	Button	61 Punkte
2.	Barrichello	35 Punkte
3.	Vettel	29 Punkte
4.	Webber	27,5 Punkte
5.	Trulli	19,5 Punkte
6.	Glock	13 Punkte
7.	Rosberg	11,5 Punkte
8.	Massa	11 Punkte
9.	Alonso	11 Punkte
10.	Räikkönen	9 Punkte
11.	Hamilton	9 Punkte
12.	Heidfeld	6 Punkte
13.	Kovalainen	4 Punkte
14.	Buemi	3 Punkte
15.	Kubica	2 Punkte
16.	Bourdais	2 Punkte

Exklusive News, Analysen, Fotoshows: Die Formel 1 im Internet unter www.auto-motor-und-sport.de

GRAND PRIX VON ENGLAND
8. Lauf zur Formel 1-WM am 21. Juni in Silverstone

RENNDATEN
- **Streckenlänge:** 5,141 km
- **Runden:** 60
- **Gesamtdistanz:** 308,355 km
- **Zuschauer:** 310 000 (FR-SO), 120 000 (SO)
- **Lufttemperatur:** 17 °C
- **Asphalttemperatur:** 25 °C

„Kovalainen hat vor mir zwei Mal die Spur gewechselt. Erst habe ich es vor der Club-Kurve innen, dann außen probiert. Ich habe erneut die Linie gewechselt, und dann bremst er auch noch früh"

Sébastien Bourdais

STRECKENDATEN
- **Topspeed Qualifikation:** 302,0 km/h (Sutil)
- **Topspeed Rennen:** 306,3 km/h (Räikkönen)
- **Speed schnellste Kurve:** 285,2 km/h (3)*
- **Speed langsamste Kurve:** 92,5 km/h (8)
- **Gangwechsel pro Runde:** 38
- **SafetyCar:** -
- **Volllastanteil:** 70 % (850 m = 11,5 s)
- **Spritverbrauch pro Runde:** 3,3 Liter
- **Tankstrategie Sieger:** 2 Stopps (21/44)
- **Gripniveau Asphalt:** niedrig
- **Abtriebslevel:** hoch (8 von 10)
- **Bremsenverschleiß:** niedrig
- **Reifenverschleiß:** mittel bis hoch

Daten: BMW-Sauber, *Nummer Kurve

STARTAUFSTELLUNG
1. **Sebastian Vettel** (15) D — Red Bull-Renault, 666,5 kg*, 1.19,509 min
2. **Rubens Barrichello** (23) BR — BrawnGP-Mercedes, 657,5 kg, 1.19,856 min
3. **Mark Webber** (14) AUS — Red Bull-Renault, 659,5 kg, 1.19,868 min
4. **Jarno Trulli** (9) I — Toyota, 658,0 kg, 1.20,091 min
5. **Kazuki Nakajima** (17) J — Williams-Toyota, 652,5 kg, 1.20,216 min
6. **Jenson Button** (22) GB — BrawnGP-Mercedes, 657,5 kg, 1.20,289 min
7. **Nico Rosberg** (16) D — Williams-Toyota, 661,5 kg, 1.20,361 min
8. **Timo Glock** (10) D — Toyota, 660,0 kg, 1.20,490 min
9. **Kimi Räikkönen** (4) FIN — Ferrari, 654,0 kg, 1.20,715 min
10. **Fernando Alonso** (7) E — Renault, 654,0 kg, 1.20,741 min
11. **Felipe Massa** (3) BR — Ferrari, 675,0 kg, 1.18,927 min
12. **Robert Kubica** (5) PL — BMW, 689,5 kg, 1.19,308 min
13. **Heikki Kovalainen** (2) FIN — McLaren-Mercedes, 695,5 kg, 1.19,353 min
14. **Nelson Piquet** (8) BR — Renault, 682,5 kg, 1.19,392 min
15. **Nick Heidfeld** (6) D — BMW, 665,5 kg, 1.19,448 min
16. **Giancarlo Fisichella** (21) I — Force India-Mercedes, 668,0 kg, 1.19,802 min
17. **Sébastien Bourdais** (11) F — ToroRosso-Ferrari, 687,5 kg, 1.19,898 min
18. **Adrian Sutil** (20) D — Force India-Mercedes, 692,0 kg, 1.19,909 min
19. **Lewis Hamilton** (1) GB — McLaren-Mercedes, 666,0 kg, 1.19,917 min
20. **Sébastien Buemi** (12) CH — ToroRosso-Ferrari, 672,5 kg, 1.20,236 min

*Startgewicht

KONSTRUKTEURS-WM
1. BrawnGP — 105 Punkte
2. Red Bull-Renault — 74,5 Punkte
3. Toyota — 34,5 Punkte
4. Ferrari — 26 Punkte
5. Williams-Toyota — 15,5 Punkte
6. McLaren-Mercedes — 13 Punkte
7. Renault — 11 Punkte
8. BMW — 8 Punkte
9. ToroRosso-Ferrari — 5 Punkte

ERGEBNISSE UND AUSFÄLLE (■ = GEWERTET)

Fahrer	Runden	Zeit/Rückstand	Kers*	Boxenstopps	Schnellste Runde
1. Vettel	60/57**	1:22.49,328 min	nein	2 (49,145 s)	1.20,735 min
2. Webber	60/3	+ 15,188 s	nein	2 (49,415 s)	1.20,915 min
3. Barrichello	60	+ 41,175 s	nein	2 (47,001 s)	1.21,429 min
4. Massa	60	+ 45,043 s	ja	2 (46,367 s)	1.21,509 min
5. Rosberg	60	+ 45,915 s	nein	2 (45,785 s)	1.21,054 min
6. Button	60	+ 46,285 s	nein	2 (46,779 s)	1.21,189 min
7. Trulli	60	+ 1.08,307 min	nein	2 (45,086 s)	1.21,806 min
8. Räikkönen	60	+ 1.09,622 min	ja	2 (47,223 s)	1.21,656 min
9. Glock	60	+ 1.09,823 min	nein	2 (49,346 s)	1.21,671 min
10. Fisichella	60	+ 1.11,522 min	nein	2 (46,260 s)	1.21,810 min
11. Nakajima	60	+ 1.14,023 min	nein	2 (47,744 s)	1.21,845 min
12. Piquet	59		nein	1 (26,077 s)	1.22,505 min
13. Kubica	59		nein	2 (47,989 s)	1.22,185 min
14. Alonso	59		nein	2 (47,180 s)	1.21,852 min
15. Heidfeld	59		nein	2 (46,747 s)	1.21,956 min
16. Hamilton	59		nein	2 (45,590 s)	1.22,576 min
17. Sutil	59		nein	1 (26,245 s)	1.23,475 min
18. Buemi	59		nein	2 (46,370 s)	1.22,711 min
19. Bourdais	37	Wasserleck (P 19)	nein		1.22,466 min
20. Kovalainen	36	Aufhängung (P 19)	nein		1.22,418 min

* Kinetic Energy Recovery System (Hybridantrieb)
** Runden in Führung; Bestwerte in roter Schrift

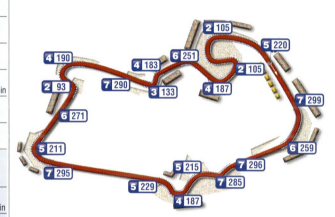

FÜHRUNGSRUNDEN
- 1-44 Vettel
- 45-47 Webber
- 48-60 Vettel

TRAININGSDUELLE
Hamilton – Kovalainen	4:4
Massa – Räikkönen	3:5
Heidfeld – Kubica	2:6
Alonso – Piquet	8:0
Trulli – Glock	6:2
Button – Barrichello	6:2
Vettel – Webber	7:1
Rosberg – Nakajima	7:1
Buemi – Bourdais	6:2
Fisichella – Sutil	5:3

FAHRER-WM
1. Button — 64 Punkte
2. Barrichello — 41 Punkte
3. Vettel — 39 Punkte
4. Webber — 35,5 Punkte
5. Trulli — 21,5 Punkte
6. Massa — 16 Punkte
7. Rosberg — 15,5 Punkte
8. Glock — 13 Punkte
9. Alonso — 11 Punkte
10. Räikkönen — 10 Punkte
11. Hamilton — 9 Punkte
12. Heidfeld — 6 Punkte
13. Kovalainen — 4 Punkte
14. Buemi — 3 Punkte
15. Kubica — 2 Punkte
16. Bourdais — 2 Punkte

Exklusive News, Analysen, Fotoshows: Die Formel 1 im Internet unter
www.auto-motor-und-sport.de

GRAND PRIX VON DEUTSCHLAND
9. Lauf zur Formel 1-WM am 12. Juli auf dem Nürburgring

RENNDATEN
- **Streckenlänge:** 5,148 km
- **Runden:** 60
- **Gesamtdistanz:** 308,863 km
- **Zuschauer:** 250 000 (FR-SO), 100 000 (SO)
- **Lufttemperatur:** 17 °C
- **Asphalttemperatur:** 24 °C

„Das Team hat mir gesagt, die beiden Ferrari kommen von hinten. Ich versuchte, meine Position zu halten, und dachte, Kimi habe nach außen mehr Platz. Es war ein normaler Rennunfall"

Adrian Sutil

STRECKENDATEN
- **Topspeed Qualifikation:** 302,4 km/h (Bourdais)
- **Topspeed Rennen:** 303,5 km/h (Fisichella)
- **Speed schnellste Kurve:** 266,0 km/h (9)*
- **Speed langsamste Kurve:** 71,5 km/h (1)
- **Gangwechsel pro Runde:** 56
- **SafetyCar:** -
- **Volllastanteil:** 54 % (725 m = 11,0 s)
- **Spritverbrauch pro Runde:** 3,2 Liter
- **Tankstrategie Sieger:** 2 Stopps (19/43)
- **Gripniveau Asphalt:** hoch
- **Abtriebslevel:** hoch (8 von 10)
- **Bremsenverschleiß:** mittel
- **Reifenverschleiß:** mittel

Daten: BMW-Sauber, *Nummer Kurve

STARTAUFSTELLUNG

	Fahrer	#	Land	Team/Details
1	Mark Webber	14	AUS	Red Bull-Renault, 661,0 kg*, 1.32,230 min
2	Rubens Barrichello	23	BR	BrawnGP-Mercedes, 647,0 kg, 1.32,357 min
3	Jenson Button	22	GB	BrawnGP-Mercedes, 644,0 kg, 1.32,473 min
4	Sebastian Vettel	15	D	Red Bull-Renault, 661,0 kg, 1.32,480 min
5	Lewis Hamilton	1	GB	McLaren-Mercedes, 654,5 kg, 1.32,616 min
6	Heikki Kovalainen	2	FIN	McLaren-Mercedes, 664,0 kg, 1.33,859 min
7	Adrian Sutil	20	D	Force India-Mercedes, 678,5 kg, 1.34,316 min
8	Felipe Massa	3	BR	Ferrari, 673,5 kg, 1.34,574 min
9	Kimi Räikkönen	4	FIN	Ferrari, 674,0 kg, 1.34,710 min
10	Nelson Piquet	8	BR	Renault, 676,0 kg, 1.34,803 min
11	Nick Heidfeld	6	D	BMW, 681,0 kg, 1.42,310 min
12	Fernando Alonso	7	E	Renault, 668,2 kg, 1.42,318 min
13	Kazuki Nakajima	17	J	Williams-Toyota, 683,6 kg, 1.42,500 min
14	Jarno Trulli	9	I	Toyota, 683,7 kg, 1.42,771 min
15	Nico Rosberg	16	D	Williams-Toyota, 689,6 kg, 142,859 min
16	Robert Kubica	5	PL	BMW, 673,5 kg, 1.32,190 min
17	Sébastien Buemi	12	CH	ToroRosso-Ferrari, 674,5 kg, 1.32,251min
18	Giancarlo Fisichella	21	I	Force India-Mercedes, 662,5 kg, 1.32,402 min
19	Sébastien Bourdais	11	F	ToroRosso-Ferrari, 689,5 kg, 1.33,559 min
20	Timo Glock**	10	D	Toyota, 662,3 kg, 1.32,423 min

*Startgewicht, **wegen Blockierens von Alonso um drei Plätze strafversetzt

KONSTRUKTEURS-WM
1.	BrawnGP	112 Punkte
2.	Red Bull-Renault	92,5 Punkte
3.	Toyota	34,5 Punkte
4.	Ferrari	32 Punkte
5.	Williams-Toyota	20,5 Punkte
6.	McLaren-Mercedes	14 Punkte
7.	Renault	13 Punkte
8.	BMW	8 Punkte
9.	ToroRosso-Ferrari	5 Punkte

ERGEBNISSE UND AUSFÄLLE (■ = GEWERTET)

	Fahrer	Runden	Zeit/Rückstand	Kers*	Boxenstopps	Schnellste Runde
1.	Webber	60/33**	1:36.43,310 min	nein	3 (1.03,403 min)	1.34,003 min
2.	Vettel	60/1	+ 9,252 s	nein	2 (49,094 s)	1.34,089 min
3.	Massa	60/5	+ 15,906 s	ja	2 (47,750 s)	1.34,458 min
4.	Rosberg	60	+ 21,099 s	nein	2 (48,235 s)	1.34,403 min
5.	Button	60	+ 23,609 s	nein	3 (1.09,652 min)	1.34,252 min
6.	Barrichello	60/21	+ 24,468 s	nein	3 (1.14,629 min)	1.34,676 min
7.	Alonso	60	+ 24,888 s	nein	2 (48,593 s)	*1.33,365 min*
8.	Kovalainen	60	+ 58,692 s	ja	2 (48,980 s)	1.35,524 min
9.	Glock	60	+ 1.01,457 min	nein	1 (24,809 s)	1.35,369 min
10.	Heidfeld	60	+ 1.01,925 min	nein	2 (49,918 s)	1.34,559 min
11.	Fisichella	60	+ 1.02,327 min	nein	2 (48,437 s)	1.35,301 min
12.	Nakajima	60	+ 1.02,876 min	nein	2 (46,671 s)	1.34,238 min
13.	Piquet	60	+ 1.08,328 min	nein	2 (47,968 s)	1.34,876 min
14.	Kubica	60	+ 1.09,555 min	nein	2 (47,965 s)	1.34,537 min
15.	Sutil	60	+ 1.11,941 min	nein	3 (1.15,498 min)	1.35,366 min
16.	Buemi	60	+ 1.30,225 min	nein	2 (49,436 s)	1.36,279 min
17.	Trulli	60	+ 1.30,970 min	nein	3 (1.11,056 min)	1.33,654 min
18.	Hamilton	59		ja	2 (54,410 s)	1.35,367 min
19.	Räikkönen	34	Wasserkühler (P 15)	ja		1.36,080 min
20.	Bourdais	18	Hydraulik (P 19)	nein		1.37,498 min

* Kinetic Energy Recovery System (Hybridantrieb)
** Runden in Führung; Bestwerte in roter Schrift

FÜHRUNGSRUNDEN
1-14	Barrichello
15-19	Webber
20-24	Massa
25-31	Barrichello
32-43	Webber
44	Vettel
45-60	Webber

TRAININGSDUELLE
Hamilton – Kovalainen	5:4
Massa – Räikkönen	4:5
Heidfeld – Kubica	3:6
Alonso – Piquet	8:1
Trulli – Glock	7:2
Button – Barrichello	6:3
Vettel – Webber	7:2
Rosberg – Nakajima	7:2
Buemi – Bourdais	7:2
Fisichella – Sutil	5:4

FAHRER-WM
1.	Button	68 Punkte
2.	Vettel	47 Punkte
3.	Webber	45,5 Punkte
4.	Barrichello	44 Punkte
5.	Massa	22 Punkte
6.	Trulli	21,5 Punkte
7.	Rosberg	20,5 Punkte
8.	Glock	13 Punkte
9.	Alonso	13 Punkte
10.	Räikkönen	10 Punkte
11.	Hamilton	9 Punkte
12.	Heidfeld	6 Punkte
13.	Kovalainen	5 Punkte
14.	Buemi	3 Punkte
15.	Kubica	2 Punkte
16.	Bourdais	2 Punkte

Exklusive News, Analysen, Fotoshows: Die Formel 1 im Internet unter
www.auto-motor-und-sport.de

GRAND PRIX VON UNGARN

10. Lauf zur Formel 1-WM am 26. Juli in Budapest

RENNDATEN

- Streckenlänge: 4,361 km
- Runden: 70
- Gesamtdistanz: 305,270 km
- Zuschauer: 45 000 (FR-SO), 25 000 (SO)
- Lufttemperatur: 23 °C
- Asphalttemperatur: 35 °C

„Kimi lag links von mir. Irgendeiner hat ihn nach rechts gedrückt. Er stand fast quer, als er mein Vorderrad berührte. Deshalb musste ich einen Schlenker nach rechts machen"

Sebastian Vettel

STRECKENDATEN

- Topspeed Qualifikation: 290,6 km/h (Hamilton)
- Topspeed Rennen: 299,5 km/h (Hamilton)
- Speed schnellste Kurve: 224,1 km/h (4)*
- Speed langsamste Kurve: 85,9 km/h (1)
- Gangwechsel pro Runde: 48
- SafetyCar: -
- Volllastanteil: 59 % (715 m = 10,0 s)
- Spritverbrauch pro Runde: 2,7 l
- Tankstrategie Sieger: 2 Stopps (20/46)
- Gripniveau Asphalt: hoch
- Abtriebslevel: sehr hoch (9 von 10)
- Bremsenverschleiß: mittel
- Reifenverschleiß: mittel

Daten: BMW-Sauber, *Nummer Kurve

STARTAUFSTELLUNG

1. **Fernando Alonso** (7) E — Renault, 637,5 kg*, 1.21,569 min
2. **Sebastian Vettel** (15) D — Red Bull-Renault, 655,0 kg, 1.21,607 min
3. **Mark Webber** (14) AUS — Red Bull-Renault, 652,0 kg, 1.21,741 min
4. **Lewis Hamilton** (1) GB — McLaren-Mercedes, 650,5 kg, 1.21,839 min
5. **Nico Rosberg** (16) D — Williams-Toyota, 654,0 kg, 1.21,890 min
6. **Heikki Kovalainen** (2) FIN — McLaren-Mercedes, 655,5 kg, 1.22,095 min
7. **Kimi Räikkönen** (4) FIN — Ferrari, 651,5 kg, 1.22,468 min
8. **Jenson Button** (22) GB — BrawnGP-Mercedes, 664,5 kg, 1.22,511 min
9. **Kazuki Nakajima** (17) J — Williams-Toyota, 658,0 kg, 1.22,835 min
10. **Sébastien Buemi** (12) CH — ToroRosso-Ferrari, 671,5 kg, 1.21,002 min
11. **Jarno Trulli** (9) I — Toyota, 671,3 kg, 1.21,082 min
12. **Rubens Barrichello** (23) BR — BrawnGP-Mercedes, 689,0 kg, 1.21,222 min
13. **Timo Glock** (10) D — Toyota, 679,2 kg, 1.21,242 min
14. **Nelson Piquet** (8) BR — Renault, 667,7 kg, 1.21,389 min
15. **Nick Heidfeld** (6) D — BMW, 658,0 kg, 1.21,738 min
16. **Giancarlo Fisichella** (21) I — Force India-Mercedes, 680,5 kg, 1.21,807 min
17. **Adrian Sutil** (20) D — Force India-Mercedes, 683,5 kg, 1.21,868min
18. **Robert Kubica** (5) PL — BMW, 666,0 kg, 1.21,901 min
19. **Jaime Alguersuari** (11) E — Toro Rosso-Ferrari, 675,5 kg, 1.22,359 min

*Startgewicht; Massa (1.20,823 min) nahm nach Trainingsunfall nicht am Rennen teil

KONSTRUKTEURS-WM

1. BrawnGP — 114 Punkte
2. Red Bull-Renault — 98,5 Punkte
3. Ferrari — 40 Punkte
4. Toyota — 38,5 Punkte
5. McLaren-Mercedes — 28 Punkte
6. Williams-Toyota — 25,5 Punkte
7. Renault — 13 Punkte
8. BMW — 8 Punkte
9. ToroRosso-Ferrari — 5 Punkte

ERGEBNISSE UND AUSFÄLLE (= GEWERTET)

Fahrer	Runden	Zeit/Rückstand	Kers*	Boxenstopps	Schnellste Runde
1. Hamilton	70/58**	1:38.23,876 min	ja	2 (50,862 s)	1.22,479 min
2. Räikkönen	70	+ 11,529 s	ja	2 (52,867 s)	1.22,434 min
3. Webber	70	+ 16,886 s	nein	2 (50,968 s)	1.21,931 min
4. Rosberg	70	+ 26,967 s	nein	2 (50,110 s)	1.22,468 min
5. Kovalainen	70/1	+ 34,392 s	ja	2 (47,743 s)	1.22,958 min
6. Glock	70	+ 35,327 s	nein	2 (45,368 s)	1.22,506 min
7. Button	70	+ 55,088 s	nein	2 (47,383 s)	1.22,706 min
8. Trulli	70	+ 1.08,172 min	nein	2 (47,840 s)	1.23,261 min
9. Nakajima	70	+ 1.08,774 min	nein	2 (49,016 s)	1.23,180 min
10. Barrichello	70	+ 1.09,256 min	nein	2 (46,123 s)	1.23,024 min
11. Heidfeld	70	+ 1.10,612 min	nein	2 (46,930 s)	1.23,282 min
12. Piquet	70	+ 1.11,512 min	nein	2 (48,309 s)	1.23,418 min
13. Kubica	70	+ 1.14,046 min	nein	2 (48,253 s)	1.23,224 min
14. Fisichella	69		nein	2 (47,270 s)	1.23,174 min
15. Alguersuari	69		nein	2 (47,603 s)	1.23,444 min
16. Buemi	69		nein	2 (47,665 s)	1.22,955 min
17. Vettel	29	Aufhängung (P 17)	nein		1.23,457 min
18. Alonso	15/11	Rad verloren (P 18)	nein		1.23,529 min
19. Sutil	1	Überhitzung (P 20)	nein		

* Kinetic Energy Recovery System (Hybridantrieb)
** Runden in Führung; Bestwerte in roter Schrift

FÜHRUNGSRUNDEN

1-11	Alonso
12-19	Hamilton
20	Kovalainen
21-70	Hamilton

TRAININGSDUELLE

Hamilton – Kovalainen	6:4
Massa – Räikkönen	4:6
Heidfeld – Kubica	4:6
Alonso – Piquet	9:1
Trulli – Glock	8:2
Button – Barrichello	7:3
Vettel – Webber	8:2
Rosberg – Nakajima	8:2
Buemi – Bourdais	7:2
Buemi – Alguersuari	1:0
Fisichella – Sutil	6:4

FAHRER-WM

1.	Button	70 Punkte
2.	Webber	51,5 Punkte
3.	Vettel	47 Punkte
4.	Barrichello	44 Punkte
5.	Rosberg	25,5 Punkte
6.	Trulli	22,5 Punkte
7.	Massa	22 Punkte
8.	Hamilton	19 Punkte
9.	Räikkönen	18 Punkte
10.	Glock	16 Punkte
11.	Alonso	13 Punkte
12.	Kovalainen	9 Punkte
13.	Heidfeld	6 Punkte
14.	Buemi	3 Punkte
15.	Kubica	2 Punkte
16.	Bourdais	2 Punkte

Exklusive News, Analysen, Fotoshows: Die Formel 1 im Internet unter www.auto-motor-und-sport.de

GRAND PRIX VON EUROPA

11. Lauf zur Formel 1-WM am 23. August in Valencia

RENNDATEN

- **Streckenlänge:** 5,419 km
- **Runden:** 57
- **Gesamtdistanz:** 308,883 km
- **Zuschauer:** 160 000 (FR-SO) 81 000 (SO)
- **Lufttemperatur:** 32 °C
- **Asphalttemperatur:** 47 °C

„In der dritten Kurve haben vor mir alle plötzlich ganz panisch gebremst. Ich musste nach links ausweichen. Dabei habe ich den ToroRosso von Buemi am Frontflügel getroffen"

Timo Glock

STRECKENDATEN

- **Topspeed Qualifikation:** 313,5 km/h (Sutil)
- **Topspeed Rennen:** 313,5 km/h (Sutil)
- **Speed schnellste Kurve:** 260,6 km/h (1)*
- **Speed langsamste Kurve:** 59,4 km/h (17)
- **Gangwechsel pro Runde:** 52
- **SafetyCar:** -
- **Volllastanteil:** 60 % (940 m = 14,0 s)
- **Spritverbrauch pro Runde:** 3,5 Liter
- **Tankstrategie Sieger:** 2 Stopps (20/40)
- **Gripniveau Asphalt:** hoch
- **Abtriebslevel:** mittel (7 von 10)
- **Bremsenverschleiß:** hoch
- **Reifenverschleiß:** mittel

Daten: BMW-Sauber, *Nummer Kurve

STARTAUFSTELLUNG

1	**Lewis Hamilton** ① GB	McLaren-Mercedes, 653,0 kg*, 1.39,498 min
2	**Heikki Kovalainen** ② FIN	McLaren-Mercedes, 655,0 kg, 1.39,532 min
3	**Rubens Barrichello** ㉓ BR	BrawnGP-Mercedes, 662,5 kg, 1.39,563 min
4	**Sebastian Vettel** ⑮ D	Red Bull-Renault, 654,0 kg, 1.39,789 min
5	**Jenson Button** ㉒ GB	BrawnGP-Mercedes, 661,5 kg, 1.39,821 min
6	**Kimi Räikkönen** ④ FIN	Ferrari, 661,5 kg, 1.40,144 min
7	**Nico Rosberg** ⑯ D	Williams-Toyota, 665,0 kg, 1.40,185 min
8	**Fernando Alonso** ⑦ E	Renault, 656,5 kg, 1.40,238 min
9	**Mark Webber** ⑭ AUS	Red Bull-Renault, 664,5 kg, 1.40,239 min
10	**Robert Kubica** ⑤ PL	BMW, 657,5 kg, 1.40,512 min
11	**Nick Heidfeld** ⑥ D	BMW, 677,0 kg, 1.38,826 min
12	**Adrian Sutil** ⑳ D	Force India-Mercedes, 672,5 kg, 1.38,846 min
13	**Timo Glock** ⑩ D	Toyota, 694,7 kg, 1.38,991 min
14	**Romain Grosjean** ⑧ F	Renault, 677,7 kg, 1.39,040 min
15	**Sébastien Buemi** ⑫ CH	ToroRosso-Ferrari, 688,5 kg, 1.39,514 min
16	**Giancarlo Fisichella** ㉑ I	Force India-Mercedes, 692,5 kg, 1.39,531 min
17	**Kazuki Nakajima** ⑰ J	Williams-Toyota, 702,0 kg, 1.39,795 min
18	**Jarno Trulli** ⑨ I	Toyota, 707,3 kg, 1.39,807 min
19	**Jaime Alguersuari** ⑪ E	ToroRosso-Ferrari, 678,5 kg, 1.39,925 min
20	**Luca Badoer** ③ I	Ferrari, 690,5 kg, 1.41,413 min

*Startgewicht

KONSTRUKTEURS-WM

1.	BrawnGP	126 Punkte
2.	Red Bull-Renault	98,5 Punkte
3.	Ferrari	46 Punkte
4.	McLaren-Mercedes	41 Punkte
5.	Toyota	38,5 Punkte
6.	Williams-Toyota	29,5 Punkte
7.	Renault	16 Punkte
8.	BMW	9 Punkte
9.	ToroRosso-Ferrari	5 Punkte

ERGEBNISSE UND AUSFÄLLE (■ = GEWERTET)

Fahrer	Runden	Zeit/Rückstand	Kers*	Boxenstopps	Schnellste Runde
1. Barrichello	57/25**	1:35.51,289 min	nein	2 (39,993 s)	1.38,990 min
2. Hamilton	57/31	+ 2,358 s	ja	2 (47,817 s)	1.39,056 min
3. Räikkönen	57	+ 15,994 s	ja	2 (40,707 s)	1.39,207 min
4. Kovalainen	57/1	+ 20,032 s	ja	2 (41,461 s)	1.39,341 min
5. Rosberg	57	+ 20,870 s	nein	2 (40,889 s)	1.39,329 min
6. Alonso	57	+ 27,744 s	nein	2 (40,286 s)	1.39,494 min
7. Button	57	+ 34,913 s	nein	2 (38,396 s)	1.38,874 min
8. Kubica	57	+ 36,667 s	nein	2 (41,552 s)	1.39,374 min
9. Webber	57	+ 44,910 s	nein	2 (42,453 s)	1.39,528 min
10. Sutil	57	+ 47,935 s	nein	2 (40,269 s)	1.39,622 min
11. Heidfeld	57	+ 48,822 s	nein	2 (39,254 s)	1.39,704 min
12. Fisichella	57	+ 1.03,614 min	nein	1 (22,022 s)	1.40,111 min
13. Trulli	57	+ 1.04,527 min	nein	1 (21,019 s)	1.39,941 min
14. Glock	57	+ 1.26,519 min	nein	3 (1.00,235 min)	1.38,683 min
15. Grosjean	57	+ 1.31,774 min	nein	3 (1.04,400 min)	1.39,428 min
16. Alguersuari	56		nein	2 (40,429 s)	1.40,935 min
17. Badoer	56		ja	3 (47,709 s)	1.40,590 min
18. Nakajima	54		nein	2 (44,170 s)	1.39,747 min
19. Buemi	41	Bremsen (P 18)	nein		
20. Vettel	23	Motor (P 15)	nein		

* Kinetic Energy Recovery System (Hybridantrieb)
** Runden in Führung; Bestwerte in roter Schrift

FÜHRUNGSRUNDEN

1-15	Hamilton
16	Kovalainen
17-20	Barrichello
21-36	Hamilton
37-57	Barrichello

TRAININGSDUELLE

Hamilton – Kovalainen	7:4
Massa – Räikkönen	4:6
Badoer – Räikkönen	0:1
Heidfeld – Kubica	4:7
Alonso – Piquet	9:1
Alonso – Grosjean	1:0
Trulli – Glock	8:3
Button – Barrichello	7:4
Vettel – Webber	9:2
Rosberg – Nakajima	9:2
Buemi – Bourdais	7:2
Buemi – Alguersuari	2:0
Fisichella – Sutil	6:5

FAHRER-WM

1.	Button	72 Punkte
2.	Barrichello	54 Punkte
3.	Webber	51,5 Punkte
4.	Vettel	47 Punkte
5.	Rosberg	29,5 Punkte
6.	Hamilton	27 Punkte
7.	Räikkönen	24 Punkte
8.	Trulli	22,5 Punkte
9.	Massa	22 Punkte
10.	Glock	16 Punkte
11.	Alonso	16 Punkte
12.	Kovalainen	14 Punkte
13.	Heidfeld	6 Punkte
14.	Kubica	3 Punkte
15.	Buemi	3 Punkte
16.	Bourdais	2 Punkte

Exklusive News, Analysen, Fotoshows: Die Formel 1 im Internet unter
www.auto-motor-und-sport.de

GRAND PRIX VON BELGIEN

12. Lauf zur Formel 1-WM am 30. August in Spa-Francorchamps

RENNDATEN

- **Streckenlänge:** 7,004 km
- **Runden:** 44
- **Gesamtdistanz:** 308,052 km
- **Zuschauer:** 94 000 (FR-SO), 52 000 (SO)
- **Lufttemperatur:** 17 °C
- **Asphalttemperatur:** 26 °C

„Grosjean war viel zu aggressiv. Wer so fährt, kommt nicht ins Ziel. Erst dreht er Buemi um, dann schießt er Button ab, und dadurch war für Hamilton und mich kein Platz mehr"

Jaime Alguersuari

STRECKENDATEN

- **Topspeed Qualifikation:** 328,6 km/h (Sutil)
- **Topspeed Rennen:** 330,7 km/h (Badoer)
- **Speed schnellste Kurve:** 310,8 km/h (17)*
- **Speed langsamste Kurve:** 70,8 km/h (1)
- **Gangwechsel pro Runde:** 46
- **SafetyCar:** 1 für 4 Runden
- **Volllastanteil:** 69 % (1835 m = 23,0 s)
- **Spritverbrauch pro Runde:** 4,3 Liter
- **Tankstrategie Sieger:** 2 Stopps (14/31)
- **Gripniveau Asphalt:** niedrig
- **Abtriebslevel:** mittel (5 von 10)
- **Bremsenverschleiß:** mittel
- **Reifenverschleiß:** mittel

Daten: BMW-Sauber, *Nummer Kurve

STARTAUFSTELLUNG

1. **Giancarlo Fisichella** (21) I — Force India-Mercedes, 648,0 kg*, 1.46,308 min
2. **Jarno Trulli** (9) I — Toyota, 656,6 kg, 1.46,395 min
3. **Nick Heidfeld** (6) D — BMW, 655,0 kg, 1.46,500 min
4. **Rubens Barrichello** (23) BR — BrawnGP-Mercedes, 644,5 kg, 1.46,513 min
5. **Robert Kubica** (5) PL — BMW, 649,0 kg, 1.46,586 min
6. **Kimi Räikkönen** (4) FIN — Ferrari, 655,0 kg, 1.46,633 min
7. **Timo Glock** (10) D — Toyota, 648,5 kg, 1.46,677 min
8. **Sebastian Vettel** (15) D — Red Bull-Renault, 662,5 kg, 1.46,761 min
9. **Mark Webber** (14) AUS — Red Bull-Renault, 658,0 kg, 1.46,788 min
10. **Nico Rosberg** (16) D — Williams-Toyota, 670,0 kg, 1.47,362 min
11. **Adrian Sutil** (20) D — Force India-Mercedes, 678,5 kg, 1.45,119 min
12. **Lewis Hamilton** (1) GB — McLaren-Mercedes, 693,5 kg, 1.45,122 min
13. **Fernando Alonso** (7) E — Renault, 684,4 kg, 1.45,136 min
14. **Jenson Button** (22) GB — BrawnGP-Mercedes, 694,2 kg, 1.45,251 min
15. **Heikki Kovalainen** (2) FIN — McLaren-Mercedes, 697,0 kg, 1.45,259 min
16. **Sébastien Buemi** (12) CH — ToroRosso-Ferrari, 685,0 kg, 1.45,951 min
17. **Jaime Alguersuari** (11) E — ToroRosso-Ferrari, 704,5 kg, 146,032 min
18. **Kazuki Nakajima** (17) J — Williams-Toyota, 706,1 kg, 1.46,307 min
19. **Romain Grosjean** (8) F — Renault, 704,7 kg, 1.46,359 min
20. **Luca Badoer** (3) I — Ferrari, 691,5 kg, 1.46,957 min

*Startgewicht

KONSTRUKTEURS-WM

1. BrawnGP — 128 Punkte
2. Red Bull-Renault — 104,5 Punkte
3. Ferrari — 56 Punkte
4. McLaren-Mercedes — 44 Punkte
5. Toyota — 38,5 Punkte
6. Williams-Toyota — 30,5 Punkte
7. BMW — 18 Punkte
8. Renault — 16 Punkte
9. Force India-Mercedes — 8 Punkte
10. ToroRosso-Ferrari — 5 Punkte

ERGEBNISSE UND AUSFÄLLE (■ = GEWERTET)

	Fahrer	Runden	Zeit/Rückstand	Kers*	Boxenstopps	Schnellste Runde
1.	Räikkönen	44/33**	1:23.50,995 min	ja	2 (49,764 s)	1.47,674 min
2.	Fisichella	44/4	+ 0,939 s	nein	2 (49,289 s)	1.47,737 min
3.	Vettel	44/6	+ 3,875 s	nein	2 (50,426 s)	**1.47,263 min**
4.	Kubica	44	+ 9,966 s	nein	2 (49,319 s)	1.47,664 min
5.	Heidfeld	44	+ 11,276 s	nein	2 (49,657 s)	1.47,371 min
6.	Kovalainen	44	+ 32,763 s	ja	1 (25,679 s)	1.48,348 min
7.	Barrichello	44	+ 35,461 s	nein	2 (50,264 s)	1.48,257 min
8.	Rosberg	44/1	+ 36,208 s	nein	2 (47,246 s)	1.47,766 min
9.	Webber	44	+ 36,959 s	nein	3 (1.05,104 min)	1.47,783 min
10.	Glock	44	+ 41,490 s	nein	2 (54,448 s)	1.47,736 min
11.	Sutil	44	+ 42,636 s	nein	2 (53,110 s)	1.47,859 min
12.	Buemi	44	+ 46,106 s	nein	1 (47,387 s)	1.47,763 min
13.	Nakajima	44	+ 54,241 s	nein	**1 (24,222 s)**	1.48,205 min
14.	Badoer	44	+ 1.42,177 min	nein	1 (32,911 s)	1.49,803 min
15.	Alonso	26	Radnabe (P 14)	nein		1.48,634 min
16.	Trulli	21	Bremsen (P 16)	nein		1.50,029 min
17.	Hamilton	0	Unfall (P 14)	ja		
18.	Button	0	Unfall (P 21)	nein		
19.	Alguersuari	0	Unfall (P 15)	nein		
20.	Grosjean	0	Unfall (P 13)	nein		

* Kinetic Energy Recovery System (Hybridantrieb)
** Runden in Führung; **Bestwerte in roter Schrift**

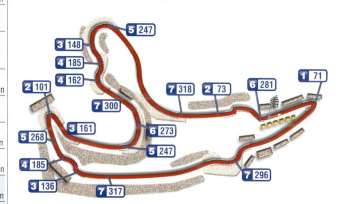

FÜHRUNGSRUNDEN

1-4	Fisichella
5-14	Räikkönen
15-16	Vettel
17	Rosberg
18-31	Räikkönen
32-35	Vettel
36-44	Räikkönen

TRAININGSDUELLE

Hamilton – Kovalainen	8:4
Massa – Räikkönen	4:6
Badoer – Räikkönen	0:2
Heidfeld – Kubica	5:7
Alonso – Piquet	9:1
Alonso – Grosjean	2:0
Trulli – Glock	9:3
Button – Barrichello	7:5
Vettel – Webber	10:2
Rosberg – Nakajima	10:2
Buemi – Bourdais	7:2
Buemi – Alguersuari	3:0
Fisichella – Sutil	7:5

FAHRER-WM

1. Button — 72 Punkte
2. Barrichello — 56 Punkte
3. Vettel — 53 Punkte
4. Webber — 51,5 Punkte
5. Räikkönen — 34 Punkte
6. Rosberg — 30,5 Punkte
7. Hamilton — 27 Punkte
8. Trulli — 22,5 Punkte
9. Massa — 22 Punkte
10. Kovalainen — 17 Punkte
11. Glock — 16 Punkte
12. Alonso — 16 Punkte
13. Heidfeld — 10 Punkte
14. Fisichella — 8 Punkte
15. Kubica — 8 Punkte
16. Buemi — 3 Punkte
17. Bourdais — 2 Punkte

Exklusive News, Analysen, Fotoshows: Die Formel 1 im Internet unter
www.auto-motor-und-sport.de

GRAND PRIX VON ITALIEN

13. Lauf zur Formel 1-WM am 13. September in Monza

RENNDATEN

- Streckenlänge: 5,793 km
- Runden: 53
- Gesamtdistanz: 306,720 km
- Zuschauer: 110 000 (FR-SO) 75 000 (SO)
- Lufttemperatur: 27 °C
- Asphalttemperatur: 38 °C

„Ich bin ausgangs der Lesmokurve vielleicht einen Zoll zu weit auf den äußeren Randstein gekommen. Das war schon zu viel. Wenn man absolut am Limit fährt, kann so etwas passieren"

Lewis Hamilton

STRECKENDATEN

- Topspeed Qualifikation: 343,8 km/h (Webber)
- Topspeed Rennen: 344,8 km/h (Sutil)
- Speed schnellste Kurve: 265,9 km/h (3)*
- Speed langsamste Kurve: 63,6 km/h (2)
- Gangwechsel pro Runde: 44
- SafetyCar: 1 für 1 Runden
- Volllastanteil: 69 % (1280 m = 15,0 s)
- Spritverbrauch pro Runde: 3,4 Liter
- Tankstrategie Sieger: 1 Stopp (29)
- Gripniveau Asphalt: niedrig
- Abtriebslevel: niedrig (2 von 10)
- Bremsenverschleiß: sehr hoch
- Reifenverschleiß: mittel

Daten: BMW-Sauber, *Nummer Kurve

STARTAUFSTELLUNG

	Fahrer	Nr	Nat
1	Lewis Hamilton	1	GB
	McLaren-Mercedes, 653,5 kg*, 1.24,066 min		
2	Adrian Sutil	20	D
	Force India-Mercedes, 655,0 kg, 1.24,261 min		
3	Kimi Räikkönen	4	FIN
	Ferrari, 662,0 kg, 1.24,523 min		
4	Heikki Kovalainen	2	FIN
	McLaren-Mercedes, 683,0 kg, 1.24,845 min		
5	Rubens Barrichello	23	BR
	BrawnGP-Mercedes, 688,5 kg, 1.25,015 min		
6	Jenson Button	22	GB
	BrawnGP-Mercedes, 687,0 kg, 1.25,030 min		
7	Vitantonio Liuzzi	21	I
	Force India-Mercedes, 679,5 kg, 1.25,043 min		
8	Fernando Alonso	7	E
	Renault, 677,5 kg, 1.25,072 min		
9	Sebastian Vettel	15	D
	Red Bull-Renault, 682,0 kg, 1.25,180 min		
10	Mark Webber	14	AUS
	Red Bull-Renault, 683,0 kg, 1.25,314 min		
11	Jarno Trulli	9	I
	Toyota, 703,0 kg, 1.23,611 min		
12	Romain Grosjean	8	F
	Renault, 699,8 kg, 1.23,728 min		
13	Robert Kubica	5	PL
	BMW, 697,5 kg, 1.23,866 min		
14	Giancarlo Fisichella	3	I
	Ferrari, 690,0 kg, 1.23,901 min		
15	Nick Heidfeld	6	D
	BMW, 697,5 kg, 1.24,275 min		
16	Timo Glock	10	D
	Toyota, 709,8 kg, 1.24,036 min		
17	Kazuki Nakajima	17	J
	Williams-Toyota, 706,2 kg, 1.24,074 min		
18	Nico Rosberg	16	D
	Williams-Toyota, 708,6 kg, 1.24,121 min		
19	Sébastien Buemi	12	CH
	ToroRosso-Ferrari, 706,0 kg, 1.24,220 min		
20	Jaime Alguersuari	11	E
	ToroRosso-Ferrari, 706,0 kg, 124,951 min		

* Startgewicht

KONSTRUKTEURS-WM

1.	BrawnGP	146 Punkte
2.	Red Bull-Renault	105,5 Punkte
3.	Ferrari	62 Punkte
4.	McLaren-Mercedes	47 Punkte
5.	Toyota	38,5 Punkte
6.	Williams-Toyota	30,5 Punkte
7.	BMW	20 Punkte
8.	Renault	20 Punkte
9.	Force India-Mercedes	13 Punkte
10.	ToroRosso-Ferrari	5 Punkte

ERGEBNISSE UND AUSFÄLLE (■ = GEWERTET)

Fahrer	Runden	Zeit/Rückstand	Kers*	Boxenstopps	Schnellste Runde
1. Barrichello	53/26**	1:16.21,706 min	nein	1 (27,403 s)	1.24,967 min
2. Button	53	+ 2,866 s	nein	1 (27,644 s)	1.24,935 min
3. Räikkönen	53/7	+ 30,664 s	ja	2 (51,905 s)	1.24,761 min
4. Sutil	53	+ 31,131 s	nein	2 (52,955 s)	*1.24,739 min*
5. Alonso	53	+ 59,182 s	ja	1 (28,643 s)	1.25,199 min
6. Kovalainen	53	+ 1.00,693 min	ja	1 (28,407 s)	1.25,109 min
7. Heidfeld	53	+ 1.22,412 min	nein	1 (26,918 s)	1.25,488 min
8. Vettel	53	+ 1.25,407 min	nein	1 (28,843 s)	1.25,194 min
9. Fisichella	53	+ 1.26,856 min	nein	1 (27,798 s)	1.25,498 min
10. Nakajima	53	+ 2,42,163 min	nein	1 (25,562 s)	1.25,976 min
11. Glock	53	+ 2.43,925 min	nein	1 *(25,400 s)*	1.25,751 min
12. Hamilton	52/20	Unfall (P3)	ja	2 (51,724 s)	1.24,802 min
13. Buemi	52	Abbiegen in die Box	nein	1 (26,916 s)	1.25,564 min
14. Trulli	52		nein	1 (25,835 s)	1.25,700 min
15. Grosjean	52		ja		1.25,609 min
16. Rosberg	51		nein		1.25,901 min
17. Liuzzi	22	Antriebswelle (P 4)	nein		1.26,041 min
18. Alguersuari	19	Getriebe (P 17)	nein		1.27,846 min
19. Kubica	15	Ölleck (P 18)	nein		1.27,819 min
20. Webber	0	Unfall (P 10)	nein		

* Kinetic Energy Recovery System (Hybridantrieb)
** Runden in Führung; *Bestwerte in roter Schrift*

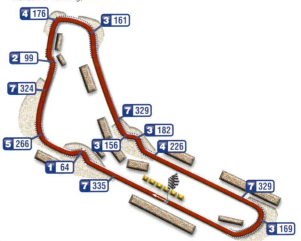

FÜHRUNGSRUNDEN

1-15	Hamilton
16-19	Räikkönen
20-29	Barrichello
30-34	Hamilton
35-37	Räikkönen
38-53	Barrichello

TRAININGSDUELLE

Hamilton – Kovalainen	9:4
Massa – Räikkönen	4:6
Badoer – Räikkönen	0:2
Fisichella – Räikkönen	0:1
Heidfeld – Kubica	5:8
Alonso – Piquet	9:1
Alonso – Grosjean	3:0
Trulli – Glock	10:3
Button – Barrichello	7:6
Vettel – Webber	11:2
Rosberg – Nakajima	10:3
Buemi – Bourdais	7:2
Buemi – Alguersuari	4:0
Fisichella – Sutil	7:5
Sutil – Liuzzi	1:0

FAHRER-WM

1.	Button	80 Punkte
2.	Barrichello	66 Punkte
3.	Vettel	54 Punkte
4.	Webber	51,5 Punkte
5.	Räikkönen	40 Punkte
6.	Rosberg	30,5 Punkte
7.	Hamilton	27 Punkte
8.	Trulli	22,5 Punkte
9.	Massa	22 Punkte
10.	Kovalainen	20 Punkte
11.	Alonso	20 Punkte
12.	Glock	16 Punkte
13.	Heidfeld	12 Punkte
14.	Fisichella	8 Punkte
15.	Kubica	8 Punkte
16.	Sutil	5 Punkte
17.	Buemi	3 Punkte
18.	Bourdais	2 Punkte

Exklusive News, Analysen, Fotoshows: Die Formel 1 im Internet unter www.auto-motor-und-sport.de

GRAND PRIX VON SINGAPUR

14. Lauf zur Formel 1-WM am 27. September in Singapur

RENNDATEN

- **Streckenlänge:** 5,073 km
- **Runden:** 61
- **Gesamtdistanz:** 309,316 km
- **Zuschauer:** 237 000 (FR-SO) 95 000 (SO)
- **Lufttemperatur:** 30 °C
- **Asphalttemperatur:** 33 °C

„Als ich Alguersuari überholen wollte, war ich eine Spur zu spät auf der Bremse. Nach dem Dreher rollte das Auto an, und da kam Heidfeld daher. Ich konnte nicht mehr rechtzeitig darauf reagieren"

Adrian Sutil

STRECKENDATEN

- **Topspeed Qualifikation:** 296,8 km/h (Kovalainen)
- **Topspeed Rennen:** 300,3 km/h (Liuzzi)
- **Speed schnellste Kurve:** 204,8 km/h (23)*
- **Speed langsamste Kurve:** 62,0 km/h (13)
- **Gangwechsel pro Runde:** 68
- **SafetyCar:** 1 für 5 Runden
- **Volllastanteil:** 50 % (655 m = 9,5 s)
- **Spritverbrauch pro Runde:** 3,5 Liter
- **Tankstrategie Sieger:** 2 Stopps (20/46)
- **Gripniveau Asphalt:** sehr hoch
- **Abtriebslevel:** hoch (10 von 10)
- **Bremsenverschleiß:** sehr hoch
- **Reifenverschleiß:** sehr hoch

Daten: BMW-Sauber, *Nummer Kurve

STARTAUFSTELLUNG

1	Lewis Hamilton	①	GB	McLaren-Mercedes, 660,5 kg*, 1.47,891 min
2	Sebastian Vettel	⑮	D	Red Bull-Renault, 651,0 kg, 1.48,204 min
3	Nico Rosberg	⑯	D	Williams-Toyota, 657,5 kg, 1.48,348 min
4	Mark Webber	⑭	AUS	Red Bull-Renault, 654,5 kg, 1.48,722 min
5	Fernando Alonso	⑦	E	Renault, 658,0 kg 1.49,054 min
6	Timo Glock	⑩	D	Toyota, 660,5 kg, 1.49,180 min
7	Robert Kubica	⑤	PL	BMW, 664,0 kg, 1.49,514 min
8	Heikki Kovalainen	②	FIN	McLaren-Mercedes, 664,5 kg, 1.49,778 min
9	Rubens Barrichello	㉓	BR**	BrawnGP-Mercedes, 655,5 kg, 1.48,828 min
10	Kazuki Nakajima	⑰	J	Williams-Toyota, 680,7 kg, 1.47,013 min
11	Jenson Button	㉒	GB	BrawnGP-Mercedes, 683,0 kg, 1.47,141 min
12	Kimi Räikkönen	④	FIN	Ferrari, 680,5 kg, 1.47,177 min
13	Sébastien Buemi	⑫	CH	ToroRosso-Ferrari, 678,0 kg, 1.47,369 min
14	Jarno Trulli	⑨	I	Toyota, 690,9 kg, 1.47,413 min
15	Adrian Sutil	①	D	Force India-Mercedes, 693,0 kg, 1.48,231 min
16	Jaime Alguersuari	⑪	E	ToroRosso-Ferrari, 683,5 kg, 1.48,340 min
17	Giancarlo Fisichella	③	I	Ferrari, 678,5 kg, 1.48,350 min
18	Romain Grosjean	⑧	F	Renault, 683,0 kg, 1.48,544 min
19	Vitantonio Liuzzi	㉑	I	Force India-Mercedes, 656,0 kg, 1.48,792 min
20	Nick Heidfeld	⑥	D***	BMW, 650,0 kg, 1.49,307 min

* Startgewicht; ** Wegen Getriebewechsels um fünf Startplätze zurückversetzt; *** Wegen Chassistausch Start aus der Boxengasse

KONSTRUKTEURS-WM

1.	BrawnGP-Mercedes	153 Punkte
2.	Red Bull-Renault	110,5 Punkte
3.	Ferrari	62 Punkte
4.	McLaren-Mercedes	59 Punkte
5.	Toyota	46,5 Punkte
6.	Williams-Toyota	30,5 Punkte
7.	Renault	26 Punkte
8.	BMW	21 Punkte
9.	Force India-Mercedes	13 Punkte
10.	ToroRosso-Ferrari	5 Punkte

ERGEBNISSE UND AUSFÄLLE (■ = GEWERTET)

Fahrer	Runden	Zeit/Rückstand	Kers*	Boxenstopps	Schnellste Runde
1. Hamilton	61/57**	1:56.06,337 min	ja	2 (47,143 s)	1.48,345 min
2. Glock	61	+ 9,634 s	nein	2 (47,599 s)	1.48,396 min
3. Alonso	61/4	+ 16,624 s	nein	2 (47,420 s)	1.48,240 min
4. Vettel	61	+ 20,261 s	nein	3 (1.01,671 min)	1.48,398 min
5. Button	61	+ 30,015 s	nein	2 (48,253 s)	1.48,369 min
6. Barrichello	61	+ 31,858 s	nein	2 (52,539 s)	1.48,598 min
7. Kovalainen	61	+ 36,157 s	ja	2 (48,011 s)	1.49,283 min
8. Kubica	61	+ 55,054 s	nein	2 (47,807 s)	1.48,847 min
9. Nakajima	61	+ 56,054 s	nein	2 (49,300 s)	1.49,371 min
10. Räikkönen	61	+ 58,892 s	ja	2 (47,689 s)	1.48,391 min
11. Rosberg	61	+ 59,777 s	nein	3 (1.03,540 min)	1.48,352 min
12. Trulli	61	+ 1.13,009 min	nein	2 (45,169 s)	1.48,816 min
13. Fisichella	61	+ 1.19,890 min	ja	2 (45,634 s)	1.49,417 min
14. Liuzzi	61	+ 1.33,502 min	nein	2 (47,739 s)	1.49,852 min
15. Alguersuari	47	Bremsen (P 15)	nein		1.52,483 min
16. Buemi	47	Öldruck (P 16)	nein		1.50,636 min
17. Webber	45	Unfall (P 14)	nein		1.49,319 min
18. Sutil	23	Bremsen (P 18)	nein		1.52,623 min
19. Heidfeld	19	Unfall (P 17)	nein		1.51,346 min
20. Grosjean	3	Bremsen (P 19)	nein		1.57,192 min

* Kinetic Energy Recovery System (Hybridantrieb)
** Runden in Führung; Bestwerte in roter Schrift

FÜHRUNGSRUNDEN

1-46	Hamilton
47-50	Alonso
51-61	Hamilton

TRAININGSDUELLE

Hamilton – Kovalainen	10:4
Räikkönen – Massa	6:4
Räikkönen – Fisichella	2:0
Räikkönen – Badoer	2:0
Heidfeld – Kubica	5:9
Alonso – Piquet	9:1
Alonso – Grosjean	4:0
Trulli – Glock	10:4
Button – Barrichello	7:7
Vettel – Webber	12:2
Rosberg – Nakajima	11:3
Buemi – Bourdais	7:2
Buemi – Alguersuari	5:0
Fisichella – Sutil	7:5
Sutil – Liuzzi	2:0

FAHRER-WM

1.	Button	84 Punkte
2.	Barrichello	69 Punkte
3.	Vettel	59 Punkte
4.	Webber	51,5 Punkte
5.	Räikkönen	40 Punkte
6.	Hamilton	37 Punkte
7.	Rosberg	30,5 Punkte
8.	Alonso	26 Punkte
9.	Glock	24 Punkte
10.	Trulli	22,5 Punkte
11.	Massa	22 Punkte
12.	Kovalainen	22 Punkte
13.	Heidfeld	12 Punkte
14.	Kubica	9 Punkte
15.	Fisichella	8 Punkte
16.	Sutil	5 Punkte
17.	Buemi	3 Punkte
18.	Bourdais	2 Punkte

Exklusive News, Analysen, Fotoshows: Die Formel 1 im Internet unter
www.auto-motor-und-sport.de

GRAND PRIX VON JAPAN
15. Lauf zur Formel 1-WM am 4. Oktober in Suzuka

RENNDATEN
- Streckenlänge: 5,807 km
- Runden: 53
- Gesamtdistanz: 307,573 km
- Zuschauer: 210 000 (FR-SO), 101 000 (SO)
- Lufttemperatur: 27 °C
- Asphalttemperatur: 43 °C

„Mitten in der Kurve brach das Auto plötzlich aus. Mir ist das unerklärlich. Es fühlte sich an, als wäre etwas mit den Hinterreifen faul gewesen"

Jaime Alguersuari

STRECKENDATEN
- Topspeed Qualifikation: 313,4 km/h (Kovalainen)
- Topspeed Rennen: 316,4 km/h (Kovalainen)
- Speed schnellste Kurve: 296,8 km/h (15)*
- Speed langsamste Kurve: 66,8 km/h (11)
- Gangwechsel pro Runde: 42
- SafetyCar: 1 für 5 Runden
- Volllastanteil: 71 % (1225 m = 16,0 s)
- Spritverbrauch pro Runde: 3,2 Liter
- Tankstrategie Sieger: 2 Stopps (18/40)
- Gripniveau Asphalt: niedrig
- Abtriebslevel: mittel (7 von 10)
- Bremsenverschleiß: niedrig
- Reifenverschleiß: mittel

Daten: BMW-Sauber, *Nummer Kurve

STARTAUFSTELLUNG

1	Sebastian Vettel ⑮ D	Red Bull-Renault, 658,5 kg*, 1.32,160 min	
2	Jarno Trulli ⑨ I	Toyota, 655,5 kg, 1.32,220 min	
3	Lewis Hamilton ① GB	McLaren-Mercedes, 656,0 kg*, 1.32,395 min	
4	Nick Heidfeld ⑥ D	BMW, 660,0 kg, 1.32,945 min	
5	Kimi Räikkönen ④ FIN	Ferrari, 661,0 kg, 1.32,980 min	
6	Rubens Barrichello ㉓ BR*****	BrawnGP-Mercedes, 660,5 kg, 1.32,660 min	
7	Nico Rosberg ⑯ D	Williams-Toyota, 684,5 kg, 1.31,482 min	
8	Adrian Sutil ⑳ D*****	Force India-Mercedes, 650,0 kg, 1.32,466 min	
9	Robert Kubica ⑤ PL	BMW, 686,0 kg, 1.32,341 min	
10	Jenson Button ㉒ GB*****	BrawnGP-Mercedes, 658,5 kg, 1.32,962 min	
11	Heikki Kovalainen ② FIN***	McLaren-Mercedes, 675,0 kg, 1.31,223 min	
12	Jaime Alguersuari ⑪ E	ToroRosso-Ferrari, 682,5 kg, 1.31,571 min	
13	Sébastien Buemi ⑫ CH****	ToroRosso-Ferrari, 665,4 kg, 1.31,103 min	
14	Giancarlo Fisichella ③ I	Ferrari, 661,5 kg, 1.31,704 min	
15	Kazuki Nakajima ⑰ J	Williams-Toyota, 695,7 kg, 1.31,718 min	
16	Fernando Alonso ⑦ E*****	Renault, 689,5 kg, 1.31,638 min	
17	Romain Grosjean ⑧ F	Renault, 691,8 kg, 1.32,073 min	
18	Vitantonio Liuzzi ㉑ I***	Force India-Mercedes, 682,5 kg, 1.32,087 min	
19	Mark Webber ⑭ AUS**	Red Bull-Renault, k.A.	

* Startgewicht; ** Start aus Boxengasse wegen Chassiswechsel; *** wegen Getriebewechsels um fünf Plätze strafversetzt; **** wegen Behinderung um fünf Plätze strafversetzt; ***** wegen Missachtens der gelben Flagge um fünf Plätze strafversetzt; Timo Glock: Startverzicht nach Unfall

ERGEBNISSE UND AUSFÄLLE (■ = GEWERTET)

Fahrer	Runden	Zeit/Rückstand	Kers*	Boxenstopps	Schnellste Runde
1. Vettel	53/53**	1:28.20,443 min	nein	2 (55,305 s)	1.32,572 min
2. Trulli	53	+ 4,877 s	nein	2 (50,369 s)	1.33,152 min
3. Hamilton	53	+ 6,472 s	ja	2 (49,113 s)	1.33,259 min
4. Räikkönen	53	+ 7,940 s	ja	2 (49,449 s)	1.32,999 min
5. Rosberg	53	+ 8,793 s	nein	2 (50,700 s)	1.33,595 min
6. Heidfeld	53	+ 9,509 s	nein	2 (52,714 s)	1.33,600 min
7. Barrichello	53	+ 10,641 s	nein	2 (49,913 s)	1.33,910 min
8. Button	53	+ 11,474 s	nein	2 (49,591 s)	1.33,251 min
9. Kubica	53	+ 11,777 s	nein	2 (49,311 s)	1.33,334 min
10. Alonso	53	+ 13,065 s	ja	1 (27,282 s)	1.33,946 min
11. Kovalainen	53	+13,735 s	ja	2 (51,768 s)	1.33,801 min
12. Fisichella	53	+ 14,596 s	ja	2 (50,547 s)	1.33,479 min
13. Sutil	53	+ 14,959 s	nein	2 (51,825 s)	1.33,668 min
14. Liuzzi	53	+ 15,734 s	nein	2 (47,551 s)	1.34,294 min
15. Nakajima	53	+ 17,973 s	nein	1 (26,835 s)	1.34,783 min
16. Grosjean	52		ja	1 (27,915 s)	1.34,643 min
17. Webber	51		nein	5 (2.53,110 min)	1.32,569 min
18. Alguersuari	43	Unfall (P 9)	nein		1.34,049 min
19. Buemi	11	Kupplung (P 18)	nein		1.35,392 min

* Kinetic Energy Recovery System (Hybridantrieb);
** Runden in Führung, Bestwerte in Rot

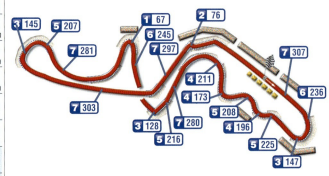

FÜHRUNGSRUNDEN
1-53	Vettel

TRAININGSDUELLE
Hamilton – Kovalainen	11:4
Massa – Räikkönen	4:6
Badoer – Räikkönen	0:2
Räikkönen – Fisichella	3:0
Heidfeld – Kubica	7:8
Alonso – Piquet	9:1
Alonso – Grosjean	5:0
Trulli – Glock	11:4
Button – Barrichello	7:8
Vettel – Webber	13:2
Rosberg – Nakajima	12:3
Buemi – Bourdais	7:2
Buemi – Alguersuari	6:0
Fisichella – Sutil	7:5
Sutil – Liuzzi	3:0

KONSTRUKTEURS-WM
1.	BrawnGP	156 Punkte
2.	Red Bull-Renault	120,5 Punkte
3.	Ferrari	67 Punkte
4.	McLaren-Mercedes	65 Punkte
5.	Toyota	54,5 Punkte
6.	Williams-Toyota	34,5 Punkte
7.	Renault	26 Punkte
8.	BMW	24 Punkte
9.	Force India-Mercedes	13 Punkte
10.	ToroRosso-Ferrari	5 Punkte

FAHRER-WM
1.	Button	85 Punkte
2.	Barrichello	71 Punkte
3.	Vettel	69 Punkte
4.	Webber	51,5 Punkte
5.	Räikkönen	45 Punkte
6.	Hamilton	43 Punkte
7.	Rosberg	34,5 Punkte
8.	Trulli	30,5 Punkte
9.	Alonso	26 Punkte
10.	Glock	24 Punkte
11.	Massa	22 Punkte
12.	Kovalainen	22 Punkte
13.	Heidfeld	15 Punkte
14.	Kubica	9 Punkte
15.	Fisichella	8 Punkte
16.	Sutil	5 Punkte
17.	Buemi	3 Punkte
18.	Bourdais	2 Punkte

Exklusive News, Analysen, Fotoshows: Die Formel 1 im Internet unter
www.auto-motor-und-sport.de

GRAND PRIX VON BRASILIEN

16. Lauf zur Formel 1-WM am 18. Oktober in Interlagos

RENNDATEN

- **Streckenlänge:** 4,309 km
- **Runden:** 71
- **Gesamtdistanz:** 305,909 km
- **Zuschauer:** 129 000 (FR-SO) 71 000 (SO)
- **Lufttemperatur:** 27 °C
- **Asphalttemperatur:** 37 °C

„Sutil kam langsam aus Kurve vier, weil er mit Räikkönen kämpfte. Deshalb blieb ich außen. Er hat mich immer weiter rausgedrängt – bis ins Gras, wo ich die Kontrolle verlor und mit hohem Tempo in die Mauer abbog"

Jarno Trulli

STRECKENDATEN

- **Topspeed Qualifikation:** 298,5 km/h (Räikkönen)
- **Topspeed Rennen:** 315,0 km/h (Kubica)
- **Speed schnellste Kurve:** 257,1 km/h (11)*
- **Speed langsamste Kurve:** 78,6 km/h (10)
- **Gangwechsel pro Runde:** 38
- **SafetyCar:** 1 für 4 Runden
- **Volllastanteil:** 58 % (1180 m = 16,0 s)
- **Spritverbrauch pro Runde:** 2,4 Liter
- **Tankstrategie Sieger:** 2 Stopps (26/52)
- **Gripniveau Asphalt:** mittel
- **Abtriebslevel:** mittel (7 von 10)
- **Bremsenverschleiß:** mittel
- **Reifenverschleiß:** hoch

Daten: BMW-Sauber, *Nummer Kurve

STARTAUFSTELLUNG

	Fahrer	Nr	Land	Team, Gewicht, Zeit
1	Rubens Barrichello	23	BR	BrawnGP-Mercedes, 650,5 kg*, 1.19,576 min
2	Mark Webber	14	AUS	Red Bull-Renault, 656,0 kg, 1.19,668 min
3	Adrian Sutil	20	D	Force India-Mercedes, 656,5 kg, 1.19,912 min
4	Jarno Trulli	9	I	Toyota, 658,5 kg, 1.20,097 min
5	Kimi Räikkönen	4	FIN	Ferrari, 651,5 kg, 1.20,168 min
6	Sébastien Buemi	12	CH	ToroRosso-Ferrari, 659,0 kg, 1.20,250 min
7	Nico Rosberg	16	D	Williams-Toyota, 657,0 kg, 1.20,326 min
8	Robert Kubica	5	PL	BMW, 656,0 kg, 1.20,631 min
9	Kazuki Nakajima	17	J	Williams-Toyota, 664,0 kg, 1.20,674 min
10	Fernando Alonso	7	E	Renault, 652,0 kg, 1.21,422 min
11	Kamui Kobayashi	10	J	Toyota, 671,6 kg, 1.21,960 min
12	Jaime Alguersuari	11	E	ToroRosso-Ferrari, 671,5 kg, 1.22,231 min
13	Romain Grosjean	8	F	Renault, 677,2 kg, 1.22,477 min
14	Jenson Button	22	GB	BrawnGP-Mercedes, 672,0 kg, 1.22,504 min
15	Sebastian Vettel	15	D	Red Bull-Renault, 683,5 kg, 1.25,009 min
16	Heikki Kovalainen	2	FIN	McLaren-Mercedes, 656,5 kg, 1.25,052 min
17	Lewis Hamilton	1	GB	McLaren-Mercedes, 661,0 kg, 1.25,192 min
18	Nick Heidfeld	6	D	BMW, 650,5 kg, 1.25,515 min
19	Giancarlo Fisichella	3	I	Ferrari, 683,5 kg, 1.40,703 min
20	Vitantonio Liuzzi	21	I**	Force India-Mercedes, 680,0 kg

* Startgewicht; ** wegen Getriebewechsels um fünf Plätze strafversetzt

KONSTRUKTEURS-WM

1.	BrawnGP	161 Punkte
2.	Red Bull-Renault	135,5 Punkte
3.	McLaren-Mercedes	71 Punkte
4.	Ferrari	70 Punkte
5.	Toyota	54,5 Punkte
6.	Williams-Toyota	34,5 Punkte
7.	BMW	32 Punkte
8.	Renault	26 Punkte
9.	Force India-Mercedes	13 Punkte
10.	ToroRosso-Ferrari	7 Punkte

ERGEBNISSE UND AUSFÄLLE (■ = GEWERTET)

	Fahrer	Runden	Zeit/Rückstand	Kers*	Boxenstopps	Schnellste Runde
1.	Webber	71/51**	1:32.23,081 min	nein	2 (51,068 s)	1.13,733 min
2.	Kubica	71	+ 7,626 s	nein	2 (48,382 s)	1.14,155 min
3.	Hamilton	71	+ 18,944 s	ja	2 (50,188 s)	1.14,345 min
4.	Vettel	71	+ 19,652 s	nein	2 (49,705 s)	1.13,890 min
5.	Button	71	+ 29,005 s	nein	2 (47,692 s)	1.14,353 min
6.	Räikkönen	71	+ 33,340 s	ja	2 (1.06,345 min)	1.14,558 min
7.	Buemi	71	+ 35,991 s	nein	2 (52,088 s)	1.14,563 min
8.	Barrichello	71/20	+ 45,454 s	nein	3 (1.14,523 min)	1.13,950 min
9.	Kobayashi	71	+ 1.03,324 min	nein	2 (53,103 s)	1.14,676 min
10.	Fisichella	71	+ 1.10,665 min	ja	1 (27,310 s)	1.14,931 min
11.	Liuzzi	71	+ 1.11,388 min	nein	3 (1.12,097 min)	1.14,990 min
12.	Kovalainen	71	+ 1.13,499 min	ja	3 (1.37,486 min)	1.14,303 min
13.	Grosjean	70		nein	2 (50,042 s)	1.14,789 min
14.	Alguersuari	70		nein	2 (49,591 s)	1.14,861 min
15.	Nakajima	30	Unfall (P 14)	nein		1.15,073 min
16.	Rosberg	27	Getriebe (P 16)	nein		1.14,370 min
17.	Heidfeld	21	Tank leer (P 17)	nein		1.14,988 min
18.	Sutil	0	Unfall (P 4)	nein		
19.	Trulli	0	Unfall (P 5)	nein		
20.	Alonso	0	Unfall (P 10)	nein		

* Kinetic Energy Recovery System (Hybridantrieb);
** Runden in Führung, Bestwerte in Rot

FÜHRUNGSRUNDEN

1-20	Barrichello
21-71	Webber

TRAININGSDUELLE

Hamilton – Kovalainen	11:5
Massa – Räikkönen	4:6
Badoer – Räikkönen	0:2
Räikkönen – Fisichella	4:0
Heidfeld – Kubica	7:9
Alonso – Piquet	9:1
Alonso – Grosjean	6:0
Trulli – Glock	11:4
Trulli – Kobayashi	1:0
Button – Barrichello	7:9
Vettel – Webber	13:3
Rosberg – Nakajima	13:3
Buemi – Bourdais	7:2
Buemi – Alguersuari	7:0
Fisichella – Sutil	7:5
Sutil – Liuzzi	4:0

FAHRER-WM

1.	Button	89 Punkte
2.	Vettel	74 Punkte
3.	Barrichello	72 Punkte
4.	Webber	61,5 Punkte
5.	Hamilton	49 Punkte
6.	Räikkönen	48 Punkte
7.	Rosberg	34,5 Punkte
8.	Trulli	30,5 Punkte
9.	Alonso	26 Punkte
10.	Glock	24 Punkte
11.	Massa	22 Punkte
12.	Kovalainen	22 Punkte
13.	Kubica	17 Punkte
14.	Heidfeld	15 Punkte
15.	Fisichella	8 Punkte
16.	Sutil	5 Punkte
17.	Buemi	5 Punkte
18.	Bourdais	2 Punkte

Exklusive News, Analysen, Fotoshows: Die Formel 1 im Internet unter
www.auto-motor-und-sport.de

GRAND PRIX VON ABU DHABI
17. Lauf zur Formel 1-WM am 1. November in Abu Dhabi

RENNDATEN
- **Streckenlänge:** 5,554 km
- **Runden:** 55
- **Gesamtdistanz:** 305,470 km
- **Zuschauer:** 60 000 (FR-SO) 35 000 (SO)
- **Lufttemperatur:** 31 °C
- **Asphalttemperatur:** 30 °C

„Mein Duell mit Buemi war ein wenig gefährlich. Wir haben uns beim Anbremsen der Schikane fast berührt. Er zog erst nach links, dann drängte er mich in der Rechtskurve über den hohen Randstein. Deshalb drehte ich mich"

Robert Kubica

STRECKENDATEN
- **Topspeed Qualifikation:** 318,7 km/h (Button)
- **Topspeed Rennen:** 322,0 km/h (Kovalainen)
- **Speed schnellste Kurve:** 255,1 km/h (3)*
- **Speed langsamste Kurve:** 60,4 km/h (7)*
- **Gangwechsel pro Runde:** 56
- **SafetyCar:** -
- **Volllastanteil:** 64 % (1035 m = 14,0 s)
- **Spritverbrauch pro Runde:** 3,7 Liter
- **Tankstrategie Sieger:** 2 Stopps (19/42)
- **Gripniveau Asphalt:** mittel
- **Abtriebslevel:** mittel (7 von 10)
- **Bremsenverschleiß:** mittel
- **Reifenverschleiß:** mittel

Daten: BMW-Sauber, *Nummer Kurve

STARTAUFSTELLUNG

1	Lewis Hamilton	①	GB
	McLaren-Mercedes, 658,5 kg*, 1.40,948 min		
2	Sebastian Vettel	⑮	D
	Red Bull-Renault, 663 kg, 1.41,615 min		
3	Mark Webber	⑭	AUS
	Red Bull-Renault, 660 kg, 1.41,726 min		
4	Rubens Barrichello	㉓	BR
	BrawnGP-Mercedes, 655 kg, 1.41,786 min		
5	Jenson Button	㉒	GB
	BrawnGP-Mercedes, 657 kg, 1.41,892 min		
6	Jarno Trulli	⑨	I
	Toyota, 661 kg, 1.41,897 min		
7	Robert Kubica	⑤	PL
	BMW, 654,5 kg, 1.41,992 min		
8	Nick Heidfeld	⑥	D
	BMW, 664 kg, 1.42,343 min		
9	Nico Rosberg	⑯	D
	Williams-Toyota, 665 kg, 1.42,583 min		
10	Sébastien Buemi	⑫	CH
	ToroRosso-Ferrari, 661,5 kg, 1.42,713 min		
11	Kimi Räikkönen	④	FIN
	Ferrari, 692 kg, 1.40,726 min		
12	Kamui Kobayashi	⑩	J
	Toyota, 694,3 kg, 1.40,777 min		
13	Kazuki Nakajima	⑰	J
	Williams-Toyota, 704 kg, 1.41,148 min		
14	Jaime Alguersuari	⑪	E
	ToroRosso-Ferrari, 696,5 kg, 1.41,689 min		
15	Fernando Alonso	⑦	E
	Renault, 708,3 kg, 1.41,667 min		
16	Vitantonio Liuzzi	㉑	I
	Force India-Mercedes, 695 kg, 1.41,701 min		
17	Adrian Sutil	⑳	D
	Force India-Mercedes, 696 kg, 1.41,863 min		
18	Heikki Kovalainen	②	FIN**
	McLaren-Mercedes, 697 kg, 1.40,983 min		
19	Romain Grosjean	⑧	F
	Renault, 710,8 kg, 1.41,950 min		
20	Giancarlo Fisichella	③	I
	Ferrari, 692,5 kg, 1.42,164 min		

* Startgewicht; ** wegen Getriebewechsels um fünf Plätze strafversetzt

KONSTRUKTEURS-WM

1.	BrawnGP	172 Punkte
2.	Red Bull-Renault	153,5 Punkte
3.	McLaren-Mercedes	71 Punkte
4.	Ferrari	70 Punkte
5.	Toyota	59,5 Punkte
6.	BMW	36 Punkte
7.	Williams-Toyota	34,5 Punkte
8.	Renault	26 Punkte
9.	Force India-Mercedes	13 Punkte
10.	ToroRosso-Ferrari	8 Punkte

ERGEBNISSE UND AUSFÄLLE (■ = GEWERTET)

Fahrer	Runden	Zeit/Rückstand	Kers*	Boxenstopps	Schnellste Runde
1. Vettel	55/39**	1:34.03,414 min	nein	2 (49,897 s)	1.40,279 min
2. Webber	55	+ 17,857 s	nein	2 (49,800 s)	1.40,571 min
3. Button	55	+ 18,467 s	nein	2 (48,787 s)	1.40,642 min
4. Barrichello	55	+ 22,735 s	nein	2 (48,972 s)	1.40,449 min
5. Heidfeld	55	+ 28,253 s	nein	2 (47,679 s)	1.40,672 min
6. Kobayashi	55	+ 28,343 s	nein	1 (25,514 s)	1.40,779 min
7. Trulli	55	+ 34,366 s	nein	2 (47,576 s)	1.40,723 min
8. Buemi	55	+ 41,294 s	nein	2 (48,643 s)	1.40,326 min
9. Rosberg	55	+ 45,941 s	nein	2 (48,297 s)	1.40,997 min
10. Kubica	55	+ 48,180 s	nein	2 (49,536 s)	1.40,924 min
11. Kovalainen	55	+ 52,798 s	ja	1 (25,761 s)	1.41,316 min
12. Räikkönen	55	+ 54,317 s	ja	1 (26,532 s)	1.40,843 min
13. Nakajima	55	+ 59,839 s	nein	1 (26,168 s)	1.40,754 min
14. Alonso	55	+ 1.09,687 min	nein	1 (24,641 s)	1.40,757 min
15. Liuzzi	55	+ 1.34,450 min	nein	1 (26,016 s)	1.41,277 min
16. Fisichella	54		ja	2 (39,329 s)	1.41,132 min
17. Sutil	54		nein	2 (49,492 s)	1.40,904 min
18. Grosjean	54		nein	1 (26,159 s)	1.42,274 min
19. Hamilton	20/16	Bremsen (P 3)	ja		
20. Alguersuari	18	Tank leer (P 20)	nein		

* Kinetic Energy Recovery System (Hybridantrieb); ** Runden in Führung, Bestwerte in Rot

FÜHRUNGSRUNDEN

1-16	Hamilton
17-55	Vettel

TRAININGSDUELLE

Hamilton – Kovalainen	12:5
Massa – Räikkönen	4:6
Badoer – Räikkönen	0:2
Räikkönen – Fisichella	5:0
Heidfeld – Kubica	7:10
Alonso – Piquet	9:1
Alonso – Grosjean	7:0
Trulli – Glock	11:4
Trulli – Kobayashi	2:0
Button – Barrichello	7:10
Vettel – Webber	14:3
Rosberg – Nakajima	14:3
Buemi – Bourdais	7:2
Buemi – Alguersuari	8:0
Fisichella – Sutil	7:5
Sutil – Liuzzi	4:1

FAHRER-WM

1.	Button	95 Punkte
2.	Vettel	84 Punkte
3.	Barrichello	77 Punkte
4.	Webber	69,5 Punkte
5.	Hamilton	49 Punkte
6.	Räikkönen	48 Punkte
7.	Rosberg	34,5 Punkte
8.	Trulli	32,5 Punkte
9.	Alonso	26 Punkte
10.	Glock	24 Punkte
11.	Massa	22 Punkte
12.	Kovalainen	22 Punkte
13.	Heidfeld	19 Punkte
14.	Kubica	17 Punkte
15.	Fisichella	8 Punkte
16.	Buemi	6 Punkte
17.	Sutil	5 Punkte
18.	Kobayashi	3 Punkte
19.	Bourdais	2 Punkte

Exklusive News, Analysen, Fotoshows: Die Formel 1 im Internet unter www.auto-motor-und-sport.de

ABSCHLUSSTABELLE: BUTTONS WM-STREICH MIT SECHS SIEGEN ZU SAISONBEGINN

Fahrer	AUS	MAS*	CHN	BRN	ESP	MON	TUR	GBR	GER	HUN	EUR	BEL	ITA	SIN	JPN	BRA	UAE	Punkte
Jenson Button	10 ●	5 ●●	6	10	10 ●	10 ●	10 ●	3	4	2	2	-	8	4	1	4	6	95
Sebastian Vettel	-	-	10 ●	8	5	-	6 ●	10 ●●	8	-	-	6 ●	1	5	10 ●	5	10 ●	84
Rubens Barrichello	8	2	5 ●	4	8 ●	8	-	6	3	-	10	2	10	3	2	1 ●	5	77
Mark Webber	-	1,5	8	-	6	4	8	8	10 ●	6 ●	-	-	-	-	- ●	10 ●	8	69,5
Lewis Hamilton	-	1	3	5	-	-	-	-	-	10	8 ●	-	- ●	10 ●	6	6	- ●	49
Kimi Räikkönen	-	-	-	3	-	6	-	1	-	8	6	10	6	-	5	3	-	48
Nico Rosberg	3 ●	0,5	-	-	1	3	4	4	5	5	4	1	-	-	4	-	-	34,5
Jarno Trulli	6	2,5	-	6 ●●	-	-	5	2	-	1	-	-	-	-	8	-	2	32,5
Fernando Alonso	4	-	-	1	4	2	-	-	2 ●	- ●	3	-	4	6 ●	-	-	-	26
Timo Glock	5	3	2	2	-	-	1	-	-	3	- ●	-	-	8				24
Felipe Massa	-	-	-	-	3	5 ●	3	5	6									22
Heikki Kovalainen	-	-	4	-	-	-	-	-	1	4	5	3	3	2	-	-	-	22
Nick Heidfeld	-	4	-	-	2	-	-	-	-	-	-	4	2	-	3	-	4	19
Robert Kubica	-	-	-	-	-	-	2	-	-	-	-	1	5	-	1	8	-	17
Giancarlo Fisichella	-	-	-	-	-	-	-	-	-	-	-	8 ●	-	-	-	-	-	8
Sebastien Buemi	2	-	1	-	-	-	-	-	-	-	-	-	-	-	-	2	1	6
Adrian Sutil	-	-	-	-	-	-	-	-	-	-	-	-	5 ●	-	-	-	-	5
Kamui Kobayashi																-	3	3
Sebastien Bourdais	1	-	-	-	-	1	-	-	-	-								2
Kazuki Nakajima	-	-	-	-	-	-	-	-	-	-	-	-	-	-	-	-	-	0
Nelson Piquet	-	-	-	-	-	-	-	-	-									0
Vitantonio Liuzzi													-	-	-	-	-	0
Romain Grosjean												-	-	-	-	-	-	0
Jaime Alguersuari												-	-	-	-	-	-	0
Luca Badoer												-	-					0

*halbe Punktzahl wegen vorzeitigem Rennabbruch; Punkteverteilung: 10-8-6-5-4-3-2-1, ● Pole Position, ● Schnellste Runde, Leeres Feld: kein Start

Das Abschlussrennen der Saison fand in einer exotisch anmutenden arabischen Nacht in Abu Dhabi statt

TEAMS UND FAHRER

MCLAREN-MERCEDES
www.mclaren.com

AUTO
Chassis:	McLaren MP4-24
Motor:	Mercedes FO108W-V8
Benzin, Räder:	Mobil, Enkei
Getriebe:	7-Gang, Karbon, Quickshift

TEAM
Teamchef:	Martin Whitmarsh
Teammanager:	Dave Redding
Technikchef:	Paddy Lowe
Chefdesigner:	Pat Fry, Tim Goss
Motorenchef:	Ola Källenius

STAMMDATEN
Debüt:	GP Monaco 1966
GP-Starts:	665
WM-Titel:	12/8
GP-Siege:	164
Testkilometer:	7454
Testfahrer:	Pedro de la Rosa, Gary Paffett

FAHRER

Lewis Hamilton (GB)
Geb.:	7. 1. 1985
Wohnort:	Genf (CH)
GP-Debüt:	GP Australien 2007
GP-Starts:	52
WM-Titel:	1
GP-Siege:	11
WM-Punkte:	256

Heikki Kovalainen (FIN)
Geb.:	19. 10. 1981
Wohnort:	Genf (CH)
GP-Debüt:	GP Australien 2007
GP-Starts:	52
WM-Titel:	-
GP-Siege:	1
WM-Punkte:	105

FERRARI
www.ferrari.it

TEAM
Teamchef:	Stefano Domenicali
Teammanager:	Chris Dyer
Technikchef:	Aldo Costa
Chefdesigner:	Nicholas Tombazis
Motorenchef:	Gilles Simon

AUTO
Chassis:	Ferrari F2009
Motor:	Ferrari 056-V8
Benzin, Räder:	Shell, BBS
Getriebe:	7-Gang, Karbon, Quickshift

STAMMDATEN
Debüt:	GP Monaco 1950
GP-Starts:	793
WM-Titel:	15/16
GP-Siege:	210
Testkilometer:	8469
Testfahrer:	Luca Badoer, Marc Gené

FAHRER

Felippe Massa (BRA)
Geb.:	25. 4. 1981
Wohnort:	Monte Carlo (MC)
GP-Debüt:	GP Australien 2002
GP-Starts:	114
WM-Titel:	-
GP-Siege:	11
WM-Punkte:	320

Kimi Räikkönen (FIN)
Geb.:	17. 10. 1979
Wohnort:	Wollerau (CH)
GP-Debüt:	GP Australien 2001
GP-Starts:	156
WM-Titel:	1
GP-Siege:	18
WM-Punkte:	579

Giancarlo Fisichella (I)
Geb.:	14. 1. 1973
Wohnort:	Rom (I)
GP-Debüt:	GP Australien 1996
GP-Starts:	229
WM-Titel:	-
GP-Siege:	3
WM-Punkte:	275

Luca Badoer (I)
Geb.:	25. 1. 1971
Wohnort:	Montebelluna (I)
GP-Debüt:	GP Südafrika 1993
GP-Starts:	51
WM-Titel:	-
GP-Siege:	-
WM-Punkte:	0

BMW
www.bmw-sauber-f1.com

AUTO
Chassis:	BMW F1.09
Motor:	BMW P86/9-V8
Benzin, Räder:	Petronas, O.Z.
Getriebe:	7-Gang, Titan/Alu, Quickshift

STAMMDATEN
Debüt:	GP Bahrain 2006
GP-Starts:	70
WM-Titel:	-
GP-Siege:	1
Testkilometer:	9688
Testfahrer:	Christian Klien

TEAM
Teamchef:	Dr. Mario Theissen
Teammanager:	Beat Zehnder
Technikchef:	Willy Rampf
Aerodynamikchef:	Willem Toet
Motorenchef:	Markus Duesmann

FAHRER

Robert Kubica (POL)
Geb.:	7. 12. 1984
Wohnort:	Pisa (I)
GP-Debüt:	GP Ungarn 2006
GP-Starts:	57
WM-Titel:	-
GP-Siege:	1
WM-Punkte:	137

Nick Heidfeld (D)
Geb.:	10. 5. 1977
Wohnort:	Stäfa (CH)
GP-Debüt:	GP Australien 2000
GP-Starts:	167
WM-Titel:	-
GP-Siege:	-
WM-Punkte:	219

RENAULT

www.renaultf1.com

TEAM
Teamchef:	Flavio Briatore, Bob Bell
Teammanager:	Steve Nielsen
Technikchef:	Bob Bell
Chefdesigner:	Tim Densham
Motorenchef:	Rob White

AUTO
Chassis:	Renault R29
Motor:	Renault RS27-V8
Benzin, Räder:	elf, Avus
Getriebe:	7-Gang, Karbon/Titan, Quickshift

STAMMDATEN
Debüt:	GP England 1977
GP-Starts:	262
WM-Titel:	2/2
GP-Siege:	35
Testkilometer:	6880
Testfahrer:	Lucas di Grassi

FAHRER
Fernando Alonso (E)
Geb.:	29. 7. 1981
Wohnort:	Mont-sur-Rolle (Ch)
GP-Debüt:	GP Australien 2001
GP-Starts:	139
WM-Titel:	2
GP-Siege:	21
WM-Punkte:	577

Nelson Piquet Junior (BR)
Geb.:	25. 7. 1985
Wohnort:	Monte Carlo (MC)
GP-Debüt:	GP Australien 2008
GP-Starts:	28
WM-Titel:	-
GP-Siege:	-
WM-Punkte:	19

Romain Grosjean (F)
Geb.:	17. 4. 1986
Wohnort:	Genf (CH)
GP-Debüt:	GP Europa 2009
GP-Starts:	7
WM-Titel:	-
GP-Siege:	-
WM-Punkte:	0

TOYOTA

www.toyota-f1.com

TEAM
Teamchef:	Tadashi Yamashina, John Howett
Teammanager:	Jens Marquardt
Technikchef:	Pascal Vasselon
Chefdesigner:	Dieter Gass
Motorenchef:	Luca Marmorini

AUTO
Chassis:	Toyota TF109
Motor:	Toyota RVX-09-V8
Benzin, Räder:	Esso, BBS
Getriebe:	7-Gang, Titan, Quickshift

STAMMDATEN
Debüt:	GP Australien 2002
GP-Starts:	139
WM-Titel:	-
GP-Siege:	-
Testkilometer:	9010
Testfahrer:	Kamui Kobayashi

FAHRER
Kamui Kobayashi (J)
Geb.:	13. 9. 1986
Wohnort:	Paris (F)
GP-Debüt:	GP Brasilien 2009
GP-Starts:	2
WM-Titel:	-
GP-Siege:	-
WM-Punkte:	3

FAHRER
Jarno Trulli (I)
Geb.:	13. 7. 1974
Wohnort:	Pescara (I)
GP-Debüt:	GP Australien 1997
GP-Starts:	216
WM-Titel:	-
GP-Siege:	1
WM-Punkte:	246,5

Timo Glock (D)
Geb.:	18. 3. 1982
Wohnort:	Köln (D)
GP-Debüt:	GP Kanada 2004
GP-Starts:	36
WM-Titel:	-
GP-Siege:	-
WM-Punkte:	51

TORO ROSSO-FERRARI

www.tororosso.com

TEAM
Teamchef:	Franz Tost
Teammanager:	Gianfranco Fantuzzi
Technikchef:	Giorgio Ascanelli
Chefdesigner:	Ben Butler
Motorenchef:	Gilles Simon

AUTO
Chassis:	ToroRosso STR4
Motor:	Ferrari 056-V8
Benzin, Räder:	Shell, Advanti
Getriebe:	7-Gang, Titan, Quickshift

STAMMDATEN
Debüt:	GP Bahrain 2006
GP-Starts:	70
WM-Titel:	-
GP-Siege:	1
Testkilometer:	4951
Testfahrer:	-

FAHRER
Sébastian Bourdais (F)
Geb.:	25. 2. 1979
Wohnort:	Genf (CH)
GP-Debüt:	GP Australien 2008
GP-Starts:	27
WM-Titel:	-
GP-Siege:	-
WM-Punkte:	6

Sébastian Buemi (CH)
Geb.:	31.10.1988
Wohnort:	Manama (BH)
GP-Debüt:	GP Australien 2009
GP-Starts:	17
WM-Titel:	-
GP-Siege:	-
WM-Punkte:	6

Jaime Alguersuari (E)
Geb.:	23. 3. 1990
Wohnort:	Barcelona (E)
GP-Debüt:	GP Ungarn 2009
GP-Starts:	8
WM-Titel:	-
GP-Siege:	-
WM-Punkte:	0

TEAMS UND FAHRER

RED BULL-RENAULT
www.redbullracing.com

AUTO
Chassis:	Red Bull RB5
Motor:	Renault RS27-V8
Benzin, Räder:	elf, O.Z.
Getriebe:	7-Gang, Titan, Quickshift

STAMMDATEN
Debüt:	GP Australien 2005
GP-Starts:	88
WM-Titel:	-
GP-Siege:	6
Testkilometer:	6588
Testfahrer:	Brendan Hartley

TEAM
Teamchef:	Christian Horner
Teammanager:	Jonathan Wheatley
Technikchef:	Adrian Newey
Chefdesigner:	Rob Marshall
Motorenchef:	Rob White

FAHRER

Marc Webber (AUS)
Geb.:	27. 8. 1976
Wohnort:	Aylesbury (GB)
GP-Debüt:	GP Australien 2002
GP-Starts:	138
WM-Titel:	-
GP-Siege:	2
WM-Punkte:	169,5

Sebastian Vettel (D)
Geb.:	3. 7. 1987
Wohnort:	Walchwil (CH)
GP-Debüt:	GP USA 2007
GP-Starts:	43
WM-Titel:	-
GP-Siege:	5
WM-Punkte:	125

WILLIAMS-TOYOTA
www.williamsf1.com

AUTO
Chassis:	Williams FW31
Motor:	Toyota RVX-09-V8
Benzin, Räder:	Petrobras, Rays
Getriebe:	7-Gang, Aluminium, Quickshift

STAMMDATEN
Debüt:	GP England 1972
GP-Starts:	585
WM-Titel:	7/9
GP-Siege:	113
Testkilometer:	8413
Testfahrer:	Nico Hülkenberg

TEAM
Teamchef:	Frank Williams, Patrick Head
Teammanager:	Tim Newton
Technikchef:	Sam Michael
Chefdesigner:	Ed Wood
Motorenchef:	Luca Marmorini

FAHRER

Nico Rosberg (D)
Geb.:	27. 6. 1985
Wohnort:	Monte Carlo (MC)
GP-Debüt:	GP Bahrain 2006
GP-Starts:	70
WM-Titel:	-
GP-Siege:	-
WM-Punkte:	75,5

Kazuki Nakajima (J)
Geb.:	11. 1. 1985
Wohnort:	Oxford (GB)
GP-Debüt:	GP Brasilien 2007
GP-Starts:	36
WM-Titel:	-
GP-Siege:	-
WM-Punkte:	9

FORCE INDIA-MERCEDES
www.forceindiaf1.com

STAMMDATEN
Debüt:	GP Australien 2008
GP-Starts:	35
WM-Titel:	-
GP-Siege:	-
Testkilometer:	3096
Testfahrer:	Vitantonio Liuzzi

TEAM
Teamchef:	Vijay Mallya
Teammanager:	Andy Stevenson
Technikchef:	James Key
Chefdesigner:	Mark Smith
Motorenchef:	Ola Källenius

AUTO
Chassis:	Force India VJM 002
Motor:	Mercedes FO108W-V8
Benzin, Räder:	Mobil, BBS
Getriebe:	7-Gang, Karbon, Quickshift

FAHRER

Adrian Sutil (D)
Geb.:	11. 1. 1983
Wohnort:	Oensingen (CH)
GP-Debüt:	GP Australien 2007
GP-Starts:	52
WM-Titel:	-
GP-Siege:	-
WM-Punkte:	6

Giancarlo Fisichella (I)
Geb.:	14. 1. 1973
Wohnort:	Rom (I)
GP-Debüt:	GP Australien 1996
GP-Starts:	229
WM-Titel:	-
GP-Siege:	3
WM-Punkte:	275

Vitantonio Liuzzi (I)
Geb.:	6. 8. 1981
Wohnort:	Locorotondo (I)
GP-Debüt:	GP San Marino 2005
GP-Starts:	44
WM-Titel:	-
GP-Siege:	-
WM-Punkte:	5

BRAWNGP-MERCEDES

www.brawngp.com

TEAM

Teamchef:	Ross Brawn, Nick Fry
Teammanager:	Ron Meadows
Technikchef:	Kevin Taylor
Chefdesigner:	Russell Cooley
Motorenchef:	Ola Källenius

AUTO

Chassis:	BrawnGP 001
Motor:	Mercedes FO108W-V8
Benzin, Räder:	Mobil, BBS
Getriebe:	7-Gang, Karbon, Quickshift

STAMMDATEN

Debüt:	GP Australien 2009
GP-Starts:	17
WM-Titel:	1/1
GP-Siege:	8
Testkilometer:	3372
Testfahrer:	Anthony Davidson

FAHRER

Jenson Button (GB)

Geb.:	19. 1. 1980
Wohnort:	Monte Carlo (MC)
GP-Debüt:	GP Australien 2000
GP-Starts:	170
WM-Titel:	1
GP-Siege:	7
WM-Punkte:	326

Rubens Barrichello (BRA)

Geb.:	23. 5. 1972
Wohnort:	Monte Carlo (MC)
GP-Debüt:	GP Südafrika 1993
GP-Starts:	285
WM-Titel:	-
GP-Siege:	11
WM-Punkte:	607

Die 20 Formel 1-Piloten 2009 beim Saisonstart in Melbourne. Bis zum Saisonende kamen Jaime Alguersuari, Vitantonio Liuzzi, Kamui Kobayashi, Luca Badoer und Romain Grosjean noch dazu

Die Formel 1 hat eine internationale Fangemeinde. Ferrari-Anhänger sind weltweit in der Überzahl. Auch in Japan gibt es sie. Die lustige Reisetruppe aus England schaffte es bis nach Australien. Wie der Hund in Silverstone an eine Fotografen-Weste kam, ist ungeklärt

FORMEL 1-REKORDE

DIE TOP 50 NACH PUNKTEN

Platz	Fahrer (☐ = noch aktiv)	Punkte	GP-Zahl	WM-Titel	Siege	2. Plätze	3. Plätze	Pole-Position	Schnellste Runden
1.	Michael Schumacher*(D)	1369 (1291)	249	7	91	43	20	68	76
2.	Alain Prost (F)	798,5 (768,5)	200	4	51	35	20	33	41
3.	Ayrton Senna (BR)	614 (610)	161	3	41	23	16	65	19
4.	Rubens Barrichello (BR) ☐	607	285	0	11	29	28	14	17
5.	Kimi Räikkönen (FIN) ☐	579	156	1	18	20	24	16	35
6.	Fernando Alonso (E) ☐	577	139	2	21	19	13	18	13
7.	David Coulthard (GB)	535	246	0	13	26	23	12	18
8.	Nelson Piquet (BR)	485,5 (481,5)	204	3	23	20	17	24	23
9.	Nigel Mansell (GB)	482 (480)	187	1	31	16	11	32	30
10.	Niki Lauda (A)	420,5	171	3	25	20	9	24	25
11.	Mika Häkkinen (FIN)	420	162	2	20	15	17	26	25
12.	Gerhard Berger (A)	386 (385)	210	0	10	17	21	12	21
13.	Jackie Stewart (GB)	360 (359)	99	3	27	11	5	17	15
	Damon Hill (GB)	360	116	1	22	15	5	20	19
15.	Ralf Schumacher (D)	329	180	0	6	7	15	6	8
16.	Jenson Button (GB) ☐	326	170	1	7	5	12	7	2
17.	Felipe Massa (BR) ☐	320	114	0	11	9	8	15	12
18.	Carlos Reutemann (ARG)	310 (298)	146	0	12	13	20	6	5
19.	Juan Pablo Montoya (COL)	307	94	0	7	15	8	13	12
20.	Graham Hill (GB)	289 (270)	176	2	14	15	7	13	10
21.	Riccardo Patrese (I)	281	256	0	6	17	14	8	13
	Emerson Fittipaldi (BR)	281	144	2	14	13	8	6	6
23.	Juan Manuel Fangio (ARG)	277,1 (244,5)	51	5	24	10	1	29	23
24.	Giancarlo Fisichella (I) ☐	275	229	0	3	7	9	4	2
25.	Jim Clark (GB)	274 (255)	72	2	25	1	6	33	28
26.	Jack Brabham (AUS)	261 (253)	126	3	14	10	7	13	10
27.	Lewis Hamilton (GB) ☐	256	52	1	11	8	8	17	3
28.	Jody Scheckter (ZA)	255 (246)	112	1	10	14	9	3	6
29.	Denis Hulme (NZ)	248	112	1	8	9	17	1	9
30.	Jarno Trulli (I) ☐	246,5	216	0	1	4	6	4	1
31.	Jean Alesi (F)	241	201	0	1	16	15	2	4
32.	Jacques Villeneuve (CDN)	235	163	1	11	5	7	13	9
33.	Jacques Lafitte (F)	228	176	0	6	10	16	7	6
34.	Nick Heidfeld (D) ☐	219	167	0	0	8	4	1	2
35.	Clay Regazzoni (CH)	212 (209)	132	0	5	13	10	5	15
36.	Alan Jones (AUS)	206 (199)	116	1	12	8	5	6	13
	Ronnie Peterson (S)	206	123	0	10	10	6	14	9
38.	Bruce McLaren (NZ)	196,5 (188,5)	101	0	4	11	12	0	3
39.	Eddie Irvine (GB)	191	146	0	4	6	16	0	1
40.	Stirling Moss (GB)	186,6 (185,6)	66	0	16	5	2	16	20
41.	Michele Alboreto (I)	186,5	194	0	5	9	9	2	5
42.	René Arnoux (F)	181	149	0	7	9	6	18	12
	Jacky Ickx (B)	181	116	0	8	7	10	13	14
44.	John Surtees (GB)	180	111	1	6	10	8	8	11
	Mario Andretti (USA)	180	128	1	12	2	5	18	10
46.	James Hunt (GB)	179	92	1	10	6	7	14	8
47.	Heinz-Harald Frentzen (D)	174	157	0	3	3	12	2	6
48.	Mark Webber (AUS) ☐	169,5	138	0	2	4	4	1	3
49.	John Watson (GB)	169	152	0	5	6	9	2	5
50.	Keke Rosberg (FIN)	159,5	114	1	5	8	4	5	3

In Klammern abzüglich Streichresultate; * laut FIA-Disqualifikation wurden die 97er Resultate gestrichen

DIE BESTENLISTE

Leistung	Fahrer
WM-Titel:	M. Schumacher 7
GP-Starts:	Barrichello 285
Siege:	M. Schumacher 91
2. Plätze:	M. Schumacher 43
3. Plätze:	Barrichello 28
Siege pro Saison:	M. Schumacher 13
Siege in Folge:	M. Schumacher 7
Siege im gleichen GP:	M. Schumacher 8 (Frankreich)
Siege in Folge (gl. GP):	Senna (Monaco 1989–1993) 5
Podiumsplätze:	M. Schumacher 154
Führungskilometer:	M. Schumacher 24 061
WM-Punkte:	M. Schumacher 1369
WM-Punkte (pro Saison):	M. Schumacher (2004) 148
Schnellste Runden:	M. Schumacher 76
Schnellste Runden p. Sais.:	M. Schumacher (2004), Räikkönen (2008) 10
Pole-Positions:	Schumacher 68
Pole-Positions pro Saison:	Mansell (1992) 14
Pole-Positions in Folge:	Prost (1993) 7
Start-Ziel-Siege:	Senna 19
Jüngster GP-Sieger:	Sebastian Vettel, 21 Jahre, 73 Tage (2008, Italien)
Ältester GP-Sieger:	Luigi Fagioli, 53 Jahre, 22 Tage (1951, Frankreich)
Jüngster Weltmeister:	Lewis Hamilton, 23 Jahre, 300 Tage (2008)
Ältester Weltmeister:	Juan Manuel Fangio, 46 Jahre, 76 Tage (1957)
Jüngster Pilot am Start:	Jaime Alguersuari, 19 Jahre, 125 Tage (2009, Ungarn)
Ältester Pilot am Start:	Louis Chiron, 55 Jahre, 292 Tage (1955, Monaco)

Leistung	Team
Konstrukteurs-Titel:	Ferrari 16
GP-Siege:	Ferrari 210
Siege pro Saison:	McLaren (1988), Ferrari (2002, 2004) 15
Siege in Folge (pro Sais.):	McLaren (1988) 11
WM-Punkte:	Ferrari 5001,1
WM-Punkte (pro Saison):	Ferrari (2004) 262
Doppelsiege (pro Saison):	McLaren (Senna, Prost 1988) 10
Pole-Positions:	Ferrari 203
Pole-Positions in Folge:	Williams (1992, 1993) 24
Pole-Positions (pro Sais.):	Williams (1992, 1993) 15, McLaren (1988, 1989) 15
Siege auf einer Strecke:	Ferrari (Monza) 17

Alles über die Formel 1

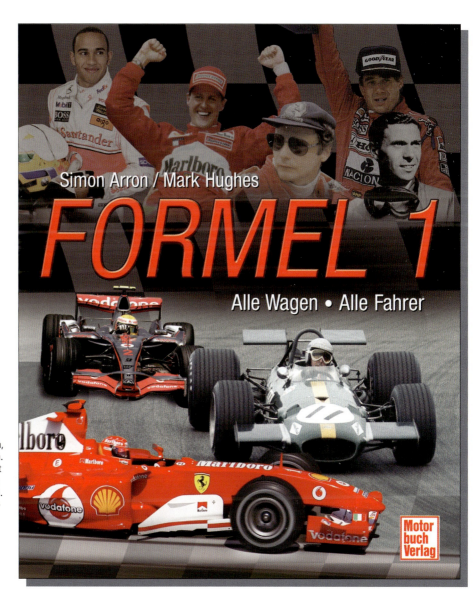

Simon Arron/Mark Hughes
Formel 1
Dieses Buch besticht durch die präzise Darstellung sämtlicher Formel-1-Boliden, die von 1950 bis 2008 gefahren wurden. Es erklärt, wann diese Wagen eingesetzt wurden, von wem sie gesteuert wurden und welche Platzierungen sie erreichten. Über 3700 Abbildungen bieten eine einmalige, lückenlose Bildchronik.

520 Seiten, 3860 Bilder,
davon 2729 in Farbe
ISBN 978-3-613-02822-7
€ 49,90

IHR VERLAG FÜR AUTO-BÜCHER
Postfach 10 37 43 · 70032 Stuttgart
Tel. (07 11) 2 10 80 65 · Fax (07 11) 2 10 80 70
www.paul-pietsch-verlage.de

Stand November 2009
Änderungen in Preis und Lieferfähigkeit vorbehalten

Historisch: 60 Jahre Formel 1

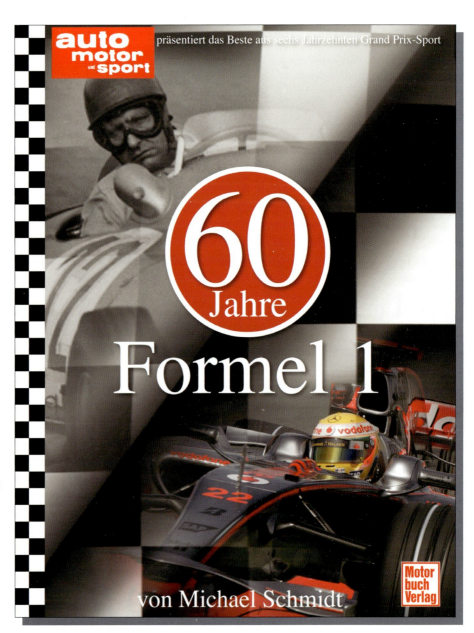

Michael Schmidt
**auto motor und sport
– 60 Jahre Formel 1**
Seit sechs Jahrzehnten sorgt die Formel 1 für Schlagzeilen. Keine Rennserie ist schneller, spannender, glamouröser und teurer als die Königsklasse des Motorsports. Dieser großartige Rückblick ist eine atmosphärisch dichte Zeitreise in die Geschichte des Motorsports mit vielen Highlights aus 60 Jahren.
240 Seiten, 300 Bilder
ISBN 978-3-613-03127-2
€ 29,90

IHR VERLAG FÜR AUTO-BÜCHER
Postfach 10 37 43 · 70032 Stuttgart
Tel. (07 11) 2 10 80 65 · Fax (07 11) 2 10 80 70
www.paul-pietsch-verlage.de

Stand November 2009
Änderungen in Preis und Lieferfähigkeit vorbehalten